Telas y Complementos

DECORACIÓN Y DISEÑO

EDIVISION
COMPAÑIA EDITORIAL, S.A.
MEXICO

© Coedición: Edivisión Compañía Editorial, S. A. de C.V. México

© 1998 Editorial ÁGATA
San Rafael, 4
28108. Alcobendas. Madrid
Tel. (91) 657 25 80
Fax (91) 657 25 83

© Eaglemoss Publications Ltd

Título original: *Finishing touches with fabric*

Traducción: Blanca del Cerro

ISBN: 84-8238-230-6

Depósito legal: M-33.749-1997

Derechos exclusivos de edición para todos
los países de habla española.

Impreso en España/Printed in Spain

Contenido

INTRODUCCIÓN

L A CASA DE SUS SUEÑOS ya está amueblada y en sus habitaciones aún parece que no vive nadie. Ha llegado el momento de darles vida propia. Para conseguir su objetivo sólo necesita algunos complementos, unos trozos de tela, buen gusto y un poquito de tiempo... *Telas y complementos. Decoración y diseño* le ofrece la posibilidad de imprimir ese aire nuevo a su hogar.

No deje que la habitación donde más horas pasa al día sea un rincón frío y sin personalidad: muebles recubiertos de tela, fundas para asientos y escabeles, cojines de todos los estilos, y pantallas de lámpara forradas de tela pondrán un soplo de vida en cualquier sala de estar.

Ha llegado la ocasión de estar reunida toda la familia en el comedor. Y, en un momento tan gratificante, ningún complemento puede distraer la atención del grupo por no estar en consonancia con el resto: haga más cálidas esas horas de conversación frente a la mesa con los complementos más atrevidos. Un ambiente muy acogedor hará las delicias de todos los comensales.

Todo ha resultado perfecto y ha llegado la hora de retirarse: un dormitorio de ensueño vigilará el descanso después de toda la jornada. Disponga todo para que la cama se convierta en protagonista de la estancia y las cortinas y demás complementos le acompañen con suaves matices.

MUEBLES RECUBIERTOS DE TELA

*Recubrir los muebles con tela es una forma elegante de coordinar el mobiliario
de una habitación con los colores y la pasamanería. Los muebles por elementos de líneas rectas
y sencillas son perfectos para la aplicación de este sistema.*

Una manera muy adecuada de complementar los distintos dibujos y colores de una habitación es recubrir los muebles con tela. Siendo agradable a la vista, la ventaja de esta imagen sutil y discreta es el equilibrio visual que ayuda a mantener en un conjunto. Estos muebles, forrados de tela para combinar o coordinar con cortinas o fundas, presentan un aspecto elegante por derecho propio y armonizan con el entorno.

Esta discreción puede ser una táctica muy útil si desea incorporar un mueble -como puede ser una mesa o una cómoda- en un lugar en el que ya existe un estilo o un color específicos, y cualquier adición supondría una sobrecarga, o no resultaría apropiada. Las cubiertas de tela son asimismo un modo adecuado de mejorar el aspecto básico de estantes y armarios, o de reducir el volumen de una cómoda, en la que simplemente se puede recubrir con tela los frontales de los cajones.

La técnica propiamente dicha es relativamente sencilla. En principio, el mueble se recubre con adhesivo PVA, y se envuelve con una tela de entreforro a modo de base acolchada para la cubierta de la tela principal. El proceso se simplifica si se utilizan muebles por elementos, ya que se puede forrar cada pieza antes del montaje. Para facilitar la labor, elija muebles con patas rectas y de sección cuadrada, y estantes con cantos marcados en los que se apreciará mejor la tela.

Recubrir un mueble con tela para que combine con el resto del mobiliario es una forma magnífica de revitalizar una pieza antigua, como por ejemplo esta mesa, o un sistema inteligente de conferir un nuevo aspecto a los diseños por elementos.

RECUBRIR UNA MESA

Éstas son las instrucciones que deben seguirse para recubrir una mesa por elementos de patas cuadradas, del tipo de las que pueden adquirirse en cualquier almacén. La parte superior y las patas se forran con tela antes del montaje final. El entreforro se añade para producir el efecto de una «segunda piel» sin que se perciban las costuras.

Elija una tela tupida, de peso medio, como percalina, y rechace las que se deshilachan fácilmente. Las telas estampadas producen un drástico impacto. Al igual que sucede al recubrir un mueble que se ve desde todos los ángulos, elija una tela cuyo dibujo no sea direccional, ya que puede resultar extraño al observarlo con la mesa patas arriba. Como medida práctica, puede poner un cristal sobre la mesa.

Aunque no es un punto fundamental, puede preparar un patrón a fin de garantizar el corte exacto de la tela principal. Para hacerlo, mida de nuevo la mesa después de ajustar el entreforro. Antes de cortar la tela principal, asegúrese de que los extremos de la misma están en ángulo recto con los orillos, y corte éstos a continuación. Planche todas las telas para eliminar las arrugas.

MEDIR LA TELA

Evaluar el ancho de la tela: Dependiendo del tamaño y de la forma de la mesa, así como del diseño del tejido, puede extenderlo a lo ancho o a lo largo sobre la mesa. En este caso, un ancho de la tela cubre el largo de la mesa. Calcule el ancho mínimo necesario de tela midiendo la longitud de la mesa (**A**). Añada 1,5 cm a cada lado para las vueltas.

Para la superficie de la mesa: Mida el ancho de la superficie de la mesa (**B**). Duplíquelo y añada dos veces el ancho de los lados (**C**) más 3 cm para las vueltas y superposiciones en los cantos. Corte un trozo según esta longitud. Incluya además dos tiras de tela para cubrir los cantos superiores de la mesa, midiendo **B** x **C** más una tolerancia de 1 cm en el contorno.

Para las patas de la mesa: Mida el contorno de una pata (**D**) y añada 3 cm para las vueltas. Mida la longitud de la pata (**E**) y añada 3 cm en cada extremo. Necesita cuatro trozos de tela **D** x **E** para las patas.

Para el entreforro: Para el entreforro, mida de igual manera, pero excluyendo la tela adicional para las vueltas.

1 **Preparar el adhesivo.** Vierta la mitad del contenido de un paquete de adhesivo en el cuenco para formar la mezcla y añada un poco de agua hasta que adquiera una consistencia cremosa. Remuévalo. Manténgalo tapado y añada más adhesivo a medida que lo necesite siguiendo el mismo sistema.

2 **Colocar el entreforro en la superficie de la mesa.** Con la mesa en posición normal, aplique el adhesivo en la superficie y los laterales. Coloque el entreforro, alinéandolo con el borde posterior inferior y dejando un sobrante en cada extremo. Alise el entreforro y plánchelo para que se pegue, prestando especial atención a los bordes.

3 **Ajustar las esquinas.** Corte con las tijeras el sobrante de cada esquina. Planche los laterales y los bordes de la tela. Recorte lo que sobre en las esquinas y en ambos extremos, nivélelo con el canto inferior.

4 **Colocar el entreforro en la base.** Ponga la mesa patas arriba, aplique adhesivo en la base y coloque el entreforro. Recórtelo al ras de los laterales y los extremos. Déjelo secar.

5 **Colocar el entreforro en las patas de la mesa.** Aplique adhesivo en todas las patas y coloque el entreforro recortándolo para que pegue a lo largo del borde. Alíselo para que ajuste bien, y a continuación recórtelo al ras de la parte superior y la base de la pata. Déjelo secar.

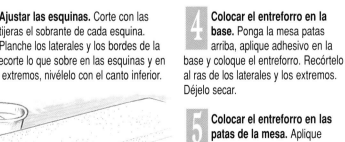

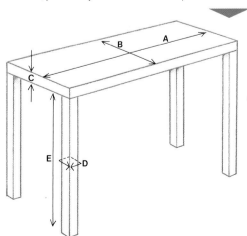

◀ *La tela de percalina de Jouy es una atractiva opción para forrar muebles con tela. Los diseños figurativos tienen una luminosidad y un impacto que complementan las sencillas líneas de cada elemento.*

7 Recubrir la mesa. Aplique adhesivo en la superficie, incluidos los sobrantes de tela de los laterales. Extienda el adhesivo por los bordes cortos y en el borde largo del revés de la tela principal. Doble 1,5 cm estos bordes y plánchelos. Coloque la tela de manera que los laterales queden al ras con los cantos de la mesa y el extremo largo quede superpuesto en el borde de la base. Alise la tela para que se pegue. Dé la vuelta a la mesa. Aplique adhesivo sobre la base y planche. Alise el resto de la tela. Déjelo secar.

8 Recubrir las patas. Aplique adhesivo en cada pata. Extienda el adhesivo por el revés de la tela principal. En la parte inferior de la pata, doble 1,5 cm y planche para formar un dobladillo y que quede completamente liso. Coloque la tela de manera que vaya recubriendo la pata, extienda el adhesivo en el revés de la tela y planche cuidadosamente.

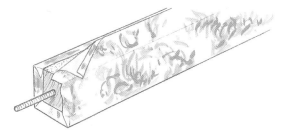

9 Rematar los extremos de las patas. En el extremo que tiene un tornillo, aplique adhesivo sobre los trozos de tela y dóblelos, recortando lo que sobre según proceda. En el otro extremo de la pata, aplique adhesivo a los sobrantes y doble la tela. Una vez esté seco, remate con un cuadrado de fieltro.

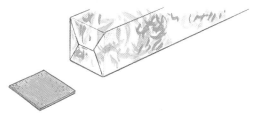

10 Montar la mesa. Cuando la tela esté seca, compruebe que los bordes estén bien pegados. Dé la vuelta a la mesa, perfore los agujeros de los tornillos y atornille cada una de las patas, con las costuras de la tela hacia dentro. Si lo desea, coloque un cristal sobre la mesa.

6 Recubrir los cantos de la mesa. Aplique uniformemente adhesivo sobre el entreforro de ambos cantos de la mesa y sobre 1,5 cm de las superficies contiguas para pegar los trozos que van superpuestos. Planche suavemente los extremos de la tela principal. Estire la parte de la esquina a lo largo del borde superior y doble las solapas de cada lado, aplicando más adhesivo si procede para que queden lisas. Repita esta operación en cada esquina.

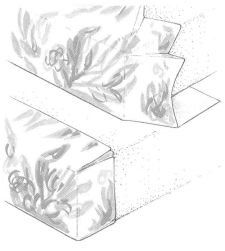

ESTANTES FORRADOS DE TELA

El procedimiento para forrar unas estanterías es similar al de la mesa. Cuanto más profundo sea el estante, más efectiva resultará la tela. Si lo que pretende es forrar una serie de estanterías con tela estampada, colóquela de manera que la repetición del diseño aparezca en la parte delantera. Al igual que con las mesas, recúbralas con un entreforro para que su aspecto final sea más suntuoso.

Utilice los mismos materiales y métodos básicos que en *Recubrir una mesa.*

Estanterías con soportes visibles. Tal y como se indica en el paso 6 de *Recubrir una mesa,* forre los cantos cortos del estante antes de colocar todo el forro de tela. Procure que la costura quede en el canto trasero inferior de la estantería. Si los soportes son de madera, también puede recubrirlos con tela.

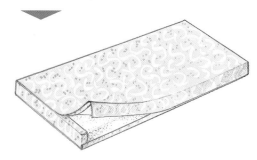

Estanterías con soportes ocultos. Algunas estanterías se apoyan sobre varillas que encajan en agujeros taladrados en la parte posterior. En primer lugar, retire las varillas de apoyo y forre los cantos cortos de las estanterías, igual que antes. A continuación, forre con la tela la parte superior, el borde delantero y la parte inferior del estante, doblando 1,5 cm por debajo del borde posterior de ambos extremos. Deje sobrantes de tela en los laterales, como antes. Introduzca nuevamente las varillas cuando la tela esté pegada y seca.

Estanterías empotradas. En unas estanterías que vayan a estar empotradas no es necesario forrar los laterales cortos. Al cortar la tela para recubrir una estantería empotrada, deje un poco de tela de sobra en los laterales largos como antes, para conseguir un acabado perfecto.

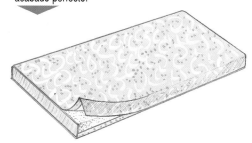

◀ *Las estanterías forradas con tela pueden presentar un aspecto tan interesante como los objetos que se coloquen sobre ellas. Para lograr un máximo impacto, elija una tela que combine con la pared y armonice con los colores de los objetos de adorno.*

▼ *Los cajones de cualquier cómoda que haya conocido tiempos mejores pueden recubrirse con tela, con lo que adquirirá mejor aspecto que con la pintura, siendo asimismo una forma inteligente de ocultar los fallos de la madera. Aquí vemos telas de algodón con estampados en azules en una combinación que armoniza con el resto del conjunto.*

FUNDAS PARA ESCABELES

Cuando un escabel lleva una funda de quita y pon, usted puede sentarse, poner los pies encima y relajarse, con la seguridad de que, a la vez que combina perfectamente con la habitación, podrá quitarla y lavarla para mantenerla en todo momento en perfectas condiciones.

Los escabeles, con sus diversas formas y tamaños, ofrecen un cómodo lugar de reposo para los pies cansados y un asiento adicional flexible. Ligeros y móviles, puede trasladarlos fácilmente de una habitación a otra, o guardarlos bajo una silla para utilizarlos cuando desee.

Tradicionalmente, la fabricación de los escabeles es similar a la de las sillas, con una zona central tapizada y una cubierta fija. La funda de quita y pon de un escabel sirve para proteger la tela original del desgaste y la suciedad, o para ocultar su apariencia desgastada. Asimismo, una funda combinada puede aportar al escabel una nueva combinación de colores o garantizar su neutralidad.

Es posible adaptar la funda a la forma del escabel, definiendo el contorno con ribetes, galones o volantes, con telas combinadas o de contraste, y hacer un borde liso o con forma. Para colocarla, deslícela por el escabel y tire de ella para ajustarla.

Al igual que sucede con las fundas fijas, las de quita y pon pueden confeccionarse con tela de algodón o con una tela de tapicería ligera de modo que combine con el mobiliario de la habitación. Puesto que será poca la cantidad de tela que necesite, es una oportunidad ideal para utilizar los retales que le hayan sobrado de otras labores. Para divertirse, puede mezclar y combinar una serie de telas lisas y estampadas en una funda.

Para conseguir un efecto realmente sofisticado, la funda de quita y pon de este escabel se ha confeccionado con una tela de algodón resistente, de colores combinados, a juego con el elegante revestimiento de la ventana.

CONFECCIÓN DE UNA FUNDA CON VOLANTES

En la confección de esta funda, pegue una capa de relleno ligero en el revés de la tela para formar la parte superior y aplique bocací por los laterales para conseguir un acabado curioso. Centre los dibujos del estampado de los laterales y coloque un dibujo grande en el centro del círculo superior. La forma del escabel queda definida con un ribete en torno al borde superior, en tanto que el dobladillo se adorna con una tela estampada a juego formando un volante fruncido. Como alternativa al relleno adhesivo, puede sustituir la guata y el bocací por una tela de entreforro hilvanada en el revés de la tela (excepto el volante).

NECESITARÁ

* TELA PARA MUEBLES con tres estampados combinados
* RELLENO ADHESIVO QUE SE APLICA CON LA PLANCHA
* BOCACÍ DE PESO MEDIO ADHESIVO QUE SE APLICA CON LA PLANCHA
* ALAMAR Y TELA PARA FUNDAS
* HILO DE COSER A JUEGO

1 Cortar la base circular. Mida el diámetro de la parte superior del escabel. Corte un círculo de tela según este tamaño, añadiendo 1,5 cm adicionales alrededor para las costuras. Utilice esta pieza de tela como patrón para cortar otra de relleno adhesivo. Péguela en el revés de la tela con la plancha.

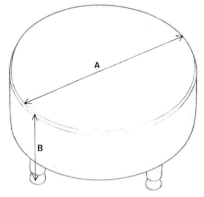

2 Medir el lateral. Mida el lateral del escabel, desde la parte superior hasta el pie, y reste 6 cm para el volante. Centrando bien los dibujos, corte un trozo de tela según la circunferencia del escabel por el ancho, añadiendo 1,5 cm alrededor para las costuras. Utilice esta pieza como patrón para cortar una tira de bocací. Pegue perfectamente el bocací con la plancha en el revés del trozo de tela.

◪ *Para confeccionar esta encantadora funda se han combinado cuatro telas a juego. Esta alegre combinación de diseños demuestra lo efectiva que puede resultar esta propuesta y el buen uso que puede hacerse de los retales.*

3 **Añadir el ribete.** Confeccione un ribete forrado de tela lo bastante largo como para abarcar el contorno por el borde externo de la parte superior, más 2,5 cm para las superposiciones. Haga coincidir los bordes, prenda con alfileres e hilvane el ribete por la parte superior, recortando el sobrante para las costuras. Cosa los extremos del ribete para ajustarlo.

4 **Montar la funda.** Con los lados derechos de la tela juntos, prenda con alfileres y cosa los extremos cortos de la pieza lateral. Recorte y abra la costura planchándola. Con los lados derechos juntos, haciendo coincidir los bordes, prenda con alfileres y cosa la pieza lateral a la funda superior, sobre el ribete. Retire los hilvanes y alise los bordes.

5 **Cortar el volante.** Mida con cuidado la circunferencia del lateral y duplique la medida que haya obtenido. Corte tiras de 8 cm de anchura al ancho de la tela según esta medida. Confeccione después un volante doble circular con dos filas de puntadas de fruncido en los bordes como se indica en la ilustración inferior.

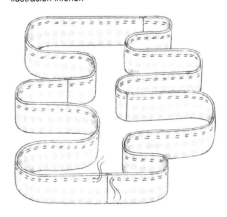

6 **Unir el volante.** Doble la pieza lateral para dividirla en cuatro partes y marque los pliegues con alfileres. Con los derechos de la tela juntos y los bordes alineados, coloque el volante en el borde del dobladillo lateral. Haga coincidir los alfileres, tirando de los hilos de las puntadas del fruncido por igual. Cosa el volante. Retire los hilvanes. Alise los bordes. Ponga la funda en el escabel. En caso necesario, plánchela una vez puesta.

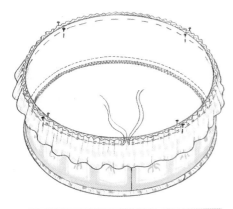

CONSEJO
FUNDA REVERSIBLE

Confeccione dos fundas sencillas con telas que contrasten, dejando una abertura en la costura superior de una de ellas. Coloque las fundas con los derechos de la tela juntos; cosa alrededor del borde de la base. Dé la vuelta a la funda por la abertura. Vuelva hacia dentro los bordes de la abertura y cósalas con puntadas sueltas. Como toque final, puede hacer un galón doble en torno a la base.

◮ *Incluya en este moderno marco una funda de quita y pon en amarillo claro, manteniendo un diseño sencillo que haga juego con el sofá. Coloque una capa de relleno en la parte superior del escabel para que adquiera un aspecto redondeado, cosa a ambos lados de las costuras y alrededor del dobladillo para obtener un acabado a medida.*

FUNDA PARA ESCABEL CON FESTÓN INVERTIDO

Una deliciosa tela celeste adornada con soles y estrellas forma una fantástica funda para esta pequeña pieza. Cosa a mano un cascabel pequeño en cada una de las puntas de los festones para darle un toque divertido.

NECESITARÁ

* TELA PARA MUEBLES
* TELA DE FORRO
* BOCACÍ DE PESO MEDIO ADHESIVO QUE SE APLICA CON LA PLANCHA
* HILO DE COSER A JUEGO
* CASCABELES PEQUEÑOS

1 Cortar la base. Mida el diámetro de la parte superior del escabel. Corte con cuidado un círculo de tela a este tamaño, añadiendo 1,5 cm adicionales alrededor para las costuras. Utilice esta pieza de tela como patrón para cortar otra de bocací adhesivo. Péguelo en el revés de la tela con la plancha. Mida el ancho del escabel y decida cuál va a ser la longitud de la funda.

☑ *Los cascabeles añaden un toque de alegría a esta funda. Bajo los festones puede verse el escabel a rayas.*

2 Hacer la plantilla del festón invertido. Para saber cuál es el tamaño de los festones invertidos, mida la circunferencia de la parte superior del escabel y divídala en siete secciones totalmente iguales. Para hacer la plantilla del festón, dibuje un círculo en una hoja de papel, cuyo diámetro será una séptima parte de la circunferencia del escabel. Divida el círculo por la mitad (**A**). Trace una línea recta vertical a cada lado con el ancho de la funda (**B**), y una estas dos mediante otra línea horizontal.

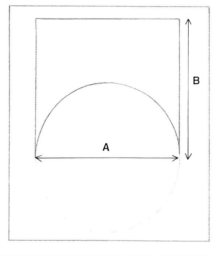

3 Cortar el patrón. Corte un trozo de papel con la longitud de la circunferencia del escabel por el ancho elegido. Utilice la plantilla del festón para dibujar siete arcos a lo largo de uno de los bordes del patrón. Córtelo.

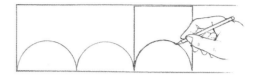

4 Cortar los trozos laterales. Utilice el patrón para cortar un trozo de tela y una pieza de forro, añadiendo 1,5 cm más para las costuras que van por todo alrededor.

5 Confeccionar la sección lateral. Con los derechos de la tela juntos, cosa los extremos de la pieza lateral. Repítalo en el forro. Coloque las dos telas con el derecho de una frente al derecho de otra; préndalas con alfileres y cosa en torno al borde festoneado. Recorte por las curvas y junto a las puntadas que rodean los festones. Ponga la tela del derecho y plánchela. Doble 1,5 cm en el borde superior de la tela principal y el forro, y plánchelos.

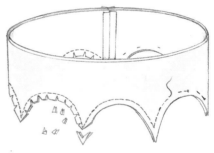

6 Coser la parte superior a la pieza lateral. Cosa alrededor del círculo de la parte superior por el interior de la línea de la costura, a 1,5 cm del borde. Corte el borde junto a las puntadas a intervalos de 2,5 cm. Introduzca el círculo superior entre los bordes plegados de la pieza lateral, de manera que éstos tapen las puntadas; una las dos piezas con alfileres y cósalas.

7 Decoración adicional. Cosa a mano un pequeño cascabel (o una borla u otro adorno) en la punta de cada festón. Coloque la funda en el escabel.

FORROS DE ASIENTOS

*Convierta los asientos de madera y mimbre en muebles cómodos, utilizando para ello forros
acolchados y cojines blandos. Elija para este proyecto decorativo unas telas llamativas
que le inviten a sentarse confortablemente, ya sea dentro o fuera de casa.*

El aspecto agradable y el estilo discreto de los sillones de mimbre y los bancos de madera tradicionales les convierte en una opción práctica para estar sentado informalmente, ya sea dentro o fuera de casa. Son siempre una opción clásica para invernaderos y solarios, así como una forma maravillosa de crear un ambiente de jardín.

Siempre que se utiliza este tipo de muebles, es posible mejorar su confortable imagen con forros acolchados y cojines embutidos hechos a medida. Casi todos los forros se mantienen en su sitio gracias a la sujeción de un cojín pesado, o se atan con cintas velcro o tiras de tela. Además de ser fáciles de lavar, los forros de quita y pon ofrecen además la posibilidad

de cambiarlos por otros de inmediato si se desea crear otro ambiente con el cambio de estaciones.

Los sillones de mimbre y los bancos de madera son relativamente económicos y de fácil mantenimiento. También es posible rejuvenecer piezas antiguas con forros acolchados. Puede encontrar gangas de segunda mano que, tras un buen lavado y cepillado o una rápida capa de pintura en spray o tintura para madera, presentarán un aspecto muy atractivo. Elija telas fuertes que soporten el desgaste de la vida en el interior y en el exterior. Para conseguir un efecto armonioso, elija telas lisas, con rayas o flores, que complementen el aspecto natural del mimbre o la madera.

*Una tela de rayas de color
verde es una opción clásica
para sentarse en un
invernadero. En este caso,
tienen la ventaja de seguir las
generosas líneas de este sillón
de mimbre. Los ribetes y los
botones forrados a juego
añaden un toque de diseño y
un acabado perfecto.*

13

CONFECCIONAR UN FORRO PARA SILLÓN

Explicamos a continuación los pasos que deben seguirse para confeccionar un cojín y un forro acolchados y ribeteados para un sillón de mimbre. El forro cubre toda la zona interna del sillón y se mantiene en su sitio gracias al cojín. La funda del cojín está confeccionada en dos piezas, con una costura central ribeteada y esquinas turcas fruncidas. Para conseguir que encaje perfectamente en la espuma, debe hacer una cremallera en la funda del cojín que vaya de esquina a esquina por la parte posterior.

Como toque final, y para conseguir una completa comodidad, coloque un cojín confeccionado con una tela a juego sobre el sillón.

Al cortar la tela, añada 1,5 cm en el borde de cada patrón para las costuras.

Si desea ahorrar tejido, puede utilizar una tela distinta y más barata en la parte inferior del forro, pero que combine bien con la tela principal.

HACER EL FORRO DEL SILLÓN

1 **Confeccionar el patrón del respaldo.** Cubra con un trozo de papel grande el respaldo y los brazos del sillón y péguelo con cinta adhesiva para sujetarlo. Introduzca el papel en las curvas y contornos, marcando pinzas en las esquinas donde sea necesario conseguir un acabado plano. Retire el patrón del sillón. Marque las pinzas y corte por los bordes exteriores. Coloque de nuevo el patrón y compruebe que ajusta.

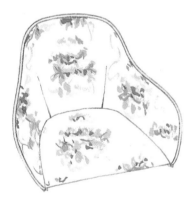

2 **Confeccionar el patrón de la base.** Coloque un trozo de papel sobre el asiento del sillón, igual que hizo en el respaldo. Marque el contorno del asiento. Retire el papel y córtelo por la línea marcada. Colóquelo de nuevo y compruebe que ajusta. Ponga los patrones del respaldo y de la base en el sillón para comprobar que encajan bien juntos, y haga todos los ajustes que sean necesarios.

3 **Cortar el forro.** Utilice los patrones para cortar en la tela dos forros para el respaldo y dos para la base, añadiendo el sobrante de las costuras alrededor. Prenda con alfileres y cosa las pinzas en los dos trozos del respaldo, estrechándolos en un punto y presionándolos hacia el centro. Mida los bordes superior y lateral del forro del respaldo para calcular la longitud del alamar y la tela necesaria para el ribete forrado, y prepare dicho ribete con esta longitud.

4 **Montar el forro superior.** Con los reveses de la tela juntos, cosa el ribete a un trozo del forro del respaldo, estrechando los extremos en el sobrante de la costura de los bordes delanteros. Con los derechos de la tela juntos, una el respaldo al trozo de forro ribeteado de la base.

5 **Completar el forro.** Prenda con alfileres y cosa los forros de la base y del respaldo. Junte los derechos de los forros superior e inferior, préndalos con alfileres y cósalos, cogiendo el ribete y dejando una abertura central en la costura. Recorte y dé la vuelta a la tela.

6 **Encajar la espuma.** Utilice el patrón del respaldo para cortar un trozo de espuma de 5 cm de espesor; no deje sobrante para la costura. Acomode la espuma en el forro del respaldo. Dele la vuelta y cosa la abertura con puntadas largas para cerrarla. Para que la espuma no se mueva, cosa las costuras del asiento en todas las capas. Coloque la funda en el sillón

CONFECCIONAR EL COJÍN DEL ASIENTO

1 **Preparar la espuma.** Haga un patrón de papel para la espuma igual que en *Confeccionar el forro del sillón,* paso 2, pero reduzca la longitud 5 cm debido al espacio que ocupa el forro acolchado. Coloque el patrón sobre la espuma de 12,5 cm, marque el contorno y corte por la línea marcada.

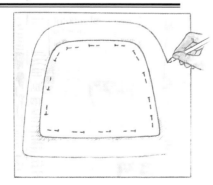

2 **Añadir el sobrante para el escudete.** Prenda con alfileres el patrón de la espuma en otra hoja de papel. Mida el ancho de la espuma, divida esta medida por dos y añada 1,5 cm para las costuras. El total será de 7,75 cm. Marque esta distancia alrededor del patrón de la espuma. Mida esta línea exterior para calcular el alamar. Corte el patrón y utilícelo para cortar dos trozos de tela; recuerde que en el patrón está incluido el sobrante para las costuras.

Crear las esquinas turcas. Haga una fila de puntadas fruncidas en torno al borde curvado de las esquinas delanteras. Tire suavemente de los hilos para fruncir la tela y remate bien.

◭ *Este delicado estampado con fresas, elegido para el forro y los cojines de este sillón de mimbre, posee el fresco atractivo estival asociado a la vida del exterior y el interior.*

Dar forma a las esquinas delanteras. Marque 9 cm en cada una de las esquinas delanteras del trozo de tela del cojín. Coloque un platillo entre las marcas y dibuje una curva. Recorte las líneas marcadas. Utilice este trozo de tela para dar forma al otro.

Añadir el ribete y la cremallera. Cosa el ribete forrado en el derecho de un trozo de tela del cojín, empezando y terminando en el centro de la parte posterior. Mida y marque la posición de la cremallera en el centro de uno de los bordes posteriores. Con los lados derechos juntos, prenda con alfileres e hilvane las piezas del cojín hasta las marcas de la cremallera. Cosa a máquina siguiendo la línea de puntadas del ribete. Ajuste la cremallera. Retire los hilvanes, ponga la tela del derecho e introduzca la espuma.

Forro Acolchado para Banco

Este forro de banco está acolchado con varias capas de relleno. Las capas quedan abombadas mediante botones y el forro se sujeta al banco con tiras de tela; como alternativa, puede sustituir las tiras por cintas velcro.

1 Confeccionar un patrón. Mida la anchura y la altura de la parte interna del respaldo (**A**), la longitud y la profundidad del asiento (**B**) y la profundidad y la altura de la parte interna de los laterales (**C**). Pase estas medidas al papel, añadiendo 1,5 cm alrededor para las costuras. Utilice un platillo para dar forma a las curvas de las esquinas delanteras de los patrones **B** y **C**. Corte los patrones. Colóquelos en el banco y marque las posiciones correspondientes a las cintas.

2 Preparar la tela. *De la funda:* Corte dos paños de **A**, dos de **B** y cuatro de **C** de tela y de relleno. Con el revés de la tela boca abajo, prenda con alfileres cada uno de los paños a un trozo de relleno e hilvane los bordes. *De las cintas:* Corte 10 cintas de 66 x 9 cm (o el número que necesite) de la tela. *De los insertos acolchados:* Recorte el sobrante para las costuras alrededor de cada uno de los patrones. A continuación, corte dos paños de **A**, dos de **B** y cuatro de **C** del relleno para tapicería. *Del ribete:* Mida en torno al borde exterior de los paños del forro y prepare el ribete según esta longitud.

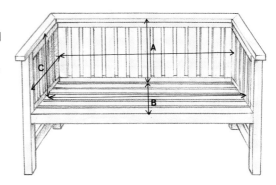

3 Montar los paños. Con los lados derechos juntos y los bordes nivelados, una un paño **C** a cada lado de un paño **A** y junte **A** a **B**. Presione para abrir las costuras y recorte el exceso de relleno. Cosa el ribete en torno al borde siguiendo las curvas. Una los paños inferiores de igual manera, pero al juntar **A** a **B**, cosa exclusivamente 9 cm a cada lado.

4 Confeccionar las tiras. Con los lados derechos juntos, doble cada una de las cintas por la mitad a lo largo. Cosa a máquina la costura y deles la vuelta. Cosa los extremos para cerrarlos. Doble cada una de las cintas por la mitad a lo ancho, préndalas con alfileres y cósalas por la parte inferior del forro. Prenda con alfileres los extremos de las cintas a la funda para que no se enganchen al coser otras cintas.

5 Montar el forro. Con los lados derechos juntos y los bordes nivelados, prenda con alfileres y cosa la parte superior a la parte inferior, siguiendo la línea de puntadas del ribete. Retire el hilván, recorte las curvas y el exceso de relleno y póngala del derecho. Para introducir el relleno, junte los paños de relleno para tapicería de dos en dos. Extienda el forro con la parte inferior boca arriba, e introduzca las parejas de paños de relleno por la abertura posterior. Alise las esquinas. Cosa la abertura con puntadas largas para cerrarla.

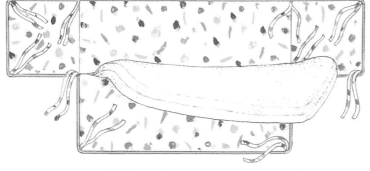

6 Acolchar el forro con botones. Extienda el forro con la parte superior boca arriba. Utilice alfileres para marcar la posiciones de los botones, separándolos a intervalos regulares para fijar las capas. Utilice hilo fuerte para coser los botones.

◄ *Este banco, con la funda estampada con dibujos de hortalizas, transformará cualquier habitación en un soleado jardín.*

FUNDAS DE COJINES CON APLICACIÓN

Decore varios cojines de tela lisa con adornos cortados de su
tela favorita. Un poco de relleno debajo de cada adorno les confiere
un aspecto ligeramente acolchado y cierto toque de distinción.

Cuando compre o confeccione unas cortinas nuevas, es probable que desee tener nuevos cojines a juego. Los cojines con aplicaciones son una opción elegante y, dado que se emplea una tela lisa para la parte principal del cojín, resultan relativamente económicos.

Para confeccionar un cojín con aplicación, no tiene más que cortar los adornos de un retal, por ejemplo, del tejido sobrante de las cortinas, y coserlos sobre un fondo de tela lisa. A modo de precaución, asegúrese de que puede tratar las dos telas de igual manera. Si ya tiene unos coji-

nes adecuados de tela lisa, puede hacer directamente la aplicación sobre ellos.

En la actualidad, hay muchas telas estampadas cuyos diseños con flores, frutas o animales son perfectas para una aplicación. Busque una tela con imágenes claras y llamativas, con los perfiles definidos, ya que son más fáciles de cortar y coser.

Los cojines que vemos aquí están decorados con frutas cortadas de una tela estampada con frutas. Para conferirles un aspecto acolchado, se añade relleno de poliéster en el interior antes de coserlas a los cojines.

Manzanas y peras rosadas, y limones maduros presentan un aspecto resplandeciente sobre un fondo color fuego. Una capa de relleno debajo de cada fruta pone de relieve su forma redondeada.

FUNDAS DE COJINES CON FRUTAS

A continuación se explica la forma de confeccionar cojines con aplicados con borde ribeteado y abertura posterior. Se decoran por la parte delantera con frutas y hojas de tela aplicada, acolchadas con relleno.

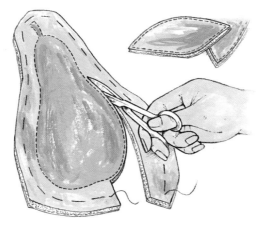

3 Colocar los adornos. Coloque los adornos en la parte delantera la tela, desplazándolos hasta que quede satisfecho con el efecto. Tal vez quiera superponerlos en algunas zonas. Préndalos con alfileres e hilvane.

4 Puntadas en zigzag. Prepare la máquina para coser en zigzag abierto y, utilizando un hilo que vaya a juego, cosa alrededor del primer adorno. Prepare la máquina para un zigzag cerrado y vuelva a coser alrededor del adorno. Tire de los hilos por el revés de la labor y átelos. Cambie ahora el hilo para que combine con los restantes adornos y cósalos de igual manera.

5 Añadir el ribete. Confeccione un ribete forrado de tela de 1,8 m. Haciendo coincidir los bordes, prenda con alfileres e hilvane el ribete en torno a la parte delantera de la funda, recortando los sobrantes de las costuras en las esquinas, de manera que queden planos y casen en los extremos.

6 Confeccionar la funda. En los bordes largos de los rectángulos posteriores, haga un dobladillo de 5 mm y después de 1 cm y cósalos a máquina. Con los derechos de las telas juntos y haciendo coincidir los bordes, extienda los trozos traseros sobre la parte delantera de modo que los bordes con dobladillo queden superpuestos. Después, prenda con alfileres, hilvane y cosa el borde externo con una costura de 1,5 cm. Recorte entonces las esquinas, dé la vuelta a la funda y plánchela. Introduzca el relleno.

1 Cortar. Se corta con cuidado un cuadrado de 43 cm de lado de la tela principal y dos rectángulos de 43 x 30 cm para la parte posterior. En las medidas está incluido un sobrante de 1,5 cm de las costuras.

2 Preparar los adornos. Decida los adornos que va a utilizar y córtelos, dejando un borde de 5 cm alrededor. Corte un trozo de relleno y otro de la tela principal con el mismo tamaño que tiene cada adorno, y coloque el relleno entre los dos trozos de tela, con el derecho de la tela hacia fuera. Hilvane los bordes. Cosa a máquina cada adorno por el borde. Corte el adorno a una distancia de unos 3 mm de las puntadas.

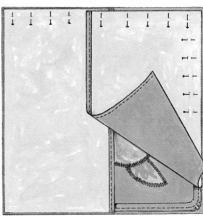

A modo de ayuda para planificar los diseños aplicados, corte una amplia selección de adornos de frutas de la tela y agrúpelos de distintas formas, hasta que encuentre la disposición que le agrade para cada cojín.

APLICACIÓN DE FIELTRO

*Con un trozo de fieltro adecuadamente cortado puede confeccionar una aplicación de exóticas
volutas y colores para cojines y colchas. Elija dibujos audaces y simétricos
y cosa el fieltro en su lugar correspondiente para conseguir un resultado óptimo.*

E l fieltro es una tela ideal para aplicación: no sólo se presenta en un amplio surtido de colores, sino que no se deshilacha al cortarlo. El fieltro está formado por fibras enlazadas, por lo que no tiene hilo, ni derecho ni revés, siendo particularmente fácil trabajar con él. Es la opción perfecta para diseños sinuosos como los que vemos aquí, ya que no es necesario hacer dobladillo en los bordes.

El único inconveniente es que el fieltro no lava bien, pero puede llevar los cojines aplicados al tinte cuando haga falta limpiarlos.

El fieltro puede comprarse en pequeños cuadrados o por metros para labores de mayor envergadura. Como fondo de un cojín o de una colcha,

elija una tela con un tacto similar al del fieltro, como algodón cepillado o lana de peso medio. Es preciso que la tela tenga suficiente cuerpo para mantener el fieltro sin que se arrugue.

Cualquier combinación de colores pueden adaptarse a la aplicación de fieltro. Tonos suaves, como blanco sobre beige, blanco sobre blanco o una mezcla de colores pastel, realzan una decoración apagada, mientras que los colores luminosos o fuertes sobre un fondo negro o de colores contrastados forman un intenso arco iris en cualquier habitación. Una buena idea es comprar muestras y probar distintas combinaciones de colores antes de decidirse definitivamente por la tela.

Es tan sencillo trabajar con fieltro, que no se deshilacha, que puede confeccionar sinuosos diseños aplicados con un mínimo esfuerzo. Las volutas y festones de este llamativo dibujo están inspirados en los relieves de las macetas de terracota situadas detrás.

COJINES CON APLICACIÓN

Los tres diseños de cojines aplicados que vemos aquí se caracterizan por su atractivo ingenuo y popular, realzados por un fieltro de color llamativo sobre un fondo de contraste para destacar lo máximo posible el diseño elegido en cada caso.

Cada uno de los diseños arranca del centro formando un dibujo perfectamente simétrico. Puede ampliar los diseños al tamaño que desee. Perfile los bordes del cojín con un ribete de contraste que combine con la aplicación de fieltro.

NECESITARÁ

* ❋ RELLENO CUADRADO PARA COJINES
* ❋ CINTA MÉTRICA
* ❋ PAPEL DE CALCO
* ❋ LÁPIZ DE TRANSFERENCIA
* ❋ TIJERAS
* ❋ FIELTRO
* ❋ RELLENO FUSIBLE DE DOBLE CARA (BONDAWEB)
* ❋ TELA DE FONDO
* ❋ CREMALLERA, 5 cm más corta que el relleno del cojín
* ❋ HILO DE COSER A JUEGO
* ❋ RIBETE FORRADO DE TELA que haga juego con el fieltro

▶ *Los diseños de fieltro en color rojo vivo aplicados sobre un fondo gris pizarra ofrecen un contraste muy llamativo en las fundas de estos tres cojines.*

1 Confeccionar el patrón. Mida el cojín para saber cuál es su tamaño definitivo y corte un cuadrado según esta medida en un papel de calco. Doble el papel en cuatro partes, marque bien los pliegues y ábralo. Amplíe uno de los dibujos que vemos abajo de manera que encaje sin problemas en una cuarta parte del papel. Con un lápiz de transferencia, trace el diseño en cada cuadrado, procurando que los perfiles coincidan con los pliegues.

2 Transferir el diseño. Corte un cuadrado de fieltro y otro de relleno fusible al mismo tamaño que el del patrón del papel de calco. Pegue con cuidado el relleno en un lado del fieltro. Extienda el patrón sobre el revés del relleno y aplique una plancha caliente para transferir el diseño.

3 Cortar el diseño. Con unas tijeras afiladas, corte el diseño del aplicado; utilice unas tijeras pequeñas de bordar en aquellas zonas que le resulten complicadas.

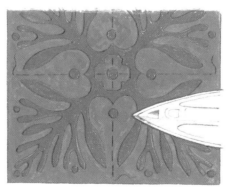

4 Cortar las piezas del cojín. De la tela de fondo, corte la parte delantera del cojín al tamaño definitivo añadiendo 1,5 cm por todo alrededor para las costuras, y la parte trasera del mismo tamaño que la delantera, más 2 cm adicionales a lo ancho para la cremallera. Coloque la cremallera a una cuarta del borde del revés del cojín para que resulte más fácil sacar el relleno.

CONSEJO
CONFECCIÓN DE PATRONES DE APLICACIONES

Para crear sus propios patrones, corte un cuadrado de papel al tamaño definitivo de la aplicación. Dóblelo en cuatro partes y a continuación en diagonal para formar un triángulo. Marque el dibujo con un lápiz, córtelo y despliegue el papel. Incorpore al diseño dibujos de fieltro adicionales, como puntos, rombos y remolinos.

5 Aplicar el motivo. Hilvane la parte delantera del cojín desde el centro, en sentido vertical y horizontal, para que le sirva de directriz. Retire el relleno fusible y, utilizando de guía las líneas hilvanadas, coloque la aplicación de fieltro en el centro de la parte delantera del cojín. Péguelo.

Cuarta parte de patrones de aplicaciones

6 Coser. Utilizando un hilo de coser que vaya a juego con el fieltro, cosa junto a los bordes de la aplicación alrededor de todo el adorno. Antes de empezar, compruebe la tensión del hilo en un retal de tela.

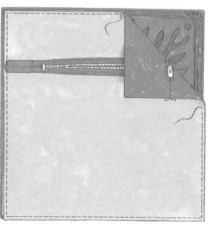

7 Rematar la funda. Prenda con alfileres e hilvane el ribete por los bordes de la parte delantera del cojín, por el derecho. Abra parcialmente la cremallera de la parte trasera de la funda y extienda el cojín sobre la parte delantera, con los derechos de las telas juntos. Prenda con alfileres y cosa los bordes. Recorte y alise los sobrantes para las costuras, dé la vuelta a la funda e introduzca el relleno.

COLCHA FESTONEADA

Esta colcha con aplicaciones de fieltro posee un atractivo adicional gracias a un delicado ribete festoneado en el borde. Los sinuosos dibujos de la aplicación fueron dibujados a mano sobre fieltro de revés tramado y aplicados a los bordes de la colcha con una disposición aleatoria. Elija una manta de lana ligera o un trozo grande de fieltro como tela de fondo.

NECESITARÁ

* TELA PARA COLCHA
* FIELTRO
* RELLENO FUSIBLE DE DOBLE CARA (BONDAWED)
* LÁPIZ DE TRANSFERENCIA Y PAPEL DE CALCO
* CARTULINA
* TIJERAS AFILADAS
* HILO DE COSER A JUEGO

1 Ampliar el dibujo. Corte la tela de la colcha al tamaño que desee. Amplíe la esquina y los dibujos aleatorios al tamaño necesario, de manera que se adapten a las proporciones de la colcha, y asegúrese de que los festones del borde se ajustarán por igual en el contorno. Aplique relleno fusible en el revés del fieltro.

2 Transferir el dibujo del contorno. Con un lápiz de transferencia y papel de calco, copie cuatro veces el borde festoneado del dibujo de la esquina inferior en el soporte de papel, una por cada esquina. Trace en el cartón la sección del borde festoneado entre las líneas azules y córtelo para hacer una plantilla. Utilice ésta para marcar los festones partiendo de cada esquina en línea recta; probablemente no habrá espacio para marcar todos los festones de todos los bordes de la colcha de una vez, por lo que deberá marcar filas adicionales según proceda para empalmarlos.

3 Transferir el dibujo principal. Utilice papel de calco y un lápiz de transferencia para copiar cuatro veces el dibujo de la esquina en el papel de refuerzo. Transfiera los dibujos aleatorios siguiendo el mismo procedimiento, repitiéndolos cuantas veces desee y complementándolos con otros que vaya creando.

△ Confeccione una colcha con aplicación de fieltro en blanco sobre blanco para conseguir un efecto elegante; las sutiles variaciones de tono y textura son todo el contraste que necesita.

4 Pegar las figuras. Corte las figuras. Péguelas en su sitio alrededor de los bordes de la colcha, empalmando todas las uniones. Extienda la colcha y coloque los dibujos de las esquinas y otras figuras. Cuando se sienta satisfecho con la colocación, péguelos.

5 Recortar el borde. Cosa el borde y las figuras en sus lugares correspondientes en los bordes utilizando en la máquina un hilo que haga juego con el fieltro y en la bobina un hilo que haga juego con la tela de refuerzo. Recorte la tela de la colcha al ras del borde exterior del borde festoneado.

Dibujos aleatorios

Dibujo de la esquina

Borde festoneado

Cojines con Cintas Entrelazadas

*Entrelace una serie de cintas de colores llamativos para crear suntuosos
diseños para cojines. Realizados con telas de colores combinados en una original secuencia
o decorados con puntadas bordadas, su aspecto es descaradamente ostentoso.*

El entrelazado de cintas es una técnica realmente versátil adaptable a muebles de todos los estilos. Los diseños pueden ser entrelazados o de estilos más complejos, con una formación en cuadros o en zigzag, por ejemplo. Con todas estas técnicas, los resultados que se obtienen son inmediatos, y los efectos muy distintos, dependiendo de la selección de las cintas. Las hay de tantos colores, acabados y anchuras que los efectos que pueden crearse abarcan desde cuadros escoceses multicolores en terciopelo y tafetán, hasta diseños diminutos en un precioso raso pastel, empleando en todos ellos la misma técnica de tejeduría.

La confección de cintas se realiza insertando filas de cintas en un cartón. La cinta se mantiene tensa mediante alfileres, y una tela de refuerzo —colocada deba-jo de las cintas— actúa a modo de capa estabilizadora hasta que se termina la labor. La urdimbre es la colocación de las cintas una junto a otra en sentido vertical; la trama se confecciona haciendo pasar otras cintas por encima y por debajo de las primeras entrelazándolas para formar el diseño. Éste puede alterarse en cualquier momento del proceso cambiando la secuencia de las cintas o entrelazando otras más estrechas.

No hay normas para combinar las cintas de un diseño, aparte de que sean de colores resistentes con vistas al lavado. A veces se consiguen diseños muy curiosos al probar distintas colocaciones, aunque conviene trabajar con un boceto preliminar, especialmente en cuanto al cálculo de la cantidad de cintas necesarias y a la hora de seguir una secuencia de colores.

El característico cojín a cuadros de la izquierda se confecciona entrelazando cintas de muchos colores en una composición clásica de entrelazado. Las cruces bordadas, cosidas en tonos de contraste en las esquinas de los cuadrados que forman las cintas, añaden un interés textural.

PAÑO DE UN COJÍN ENTRELAZADO

Los paños de cintas entrelazadas son elementos magníficos para cojines de todos los tamaños. Puede ampliar el paño con una greca de tela para adaptar el relleno del cojín o a modo de adorno del diseño. Entre las opciones tenemos un pequeño paño con una greca ancha, que tiene un gran impacto, o es posible utilizar cintas anchas para entrelazar un diseño grande con una greca estrecha. Como

alternativa, puede confeccionar un paño que ocupe todo el frontal del cojín y embellecerlo con puntadas bordadas en hilos de contraste.

Para que los cojines resulten muy llamativos, combine las cintas con el mismo tipo de tela de la greca y de la parte posterior del cojín; combine cintas de terciopelo con terciopelo, o cintas de raso con un cojín de raso brillante.

Para un relleno cuadrado normal de 56 cm necesita unos 60 cm de tela para muebles, un paño cuadrado de cintas entrelazadas de 40 cm, un cuadrado de bocací adhesivo de 40 cm y una cremallera de 42 cm. En cuanto a la cantidad de cintas, consulte *Medir la cinta* a continuación.

Si desea conocer más detalles sobre las cintas, consulte las páginas 103-106.

NECESITARÁ

* TIJERAS
* PAPEL DE DIBUJO, REGLA Y LÁPIZ
* LÁPICES DE COLORES
* CINTA MÉTRICA
* CARTÓN O PLANCHA DE CORCHO
* CINTAS VARIADAS
* BOCACÍ LIGERO ADHESIVO QUE SE APLICA CON LA PLANCHA
* ALFILERES
* IMPERDIBLE
* PLANCHA
* HILO DE COSER A JUEGO
* TELA PARA MUEBLES
* CREMALLERA
* RELLENO PARA COJINES

▣ *Un paño de cintas entrelazadas con una greca de tela a juego realza el cojín; asimismo, es posible ampliarlo para confeccionar una funda de cualquier tamaño.*

Medir la cinta. Mida y anote los anchos de las cintas que haya seleccionado. Decida el tamaño del paño y dibuje la forma en un papel. Utilice una regla y un lápiz para trazar un plano de la urdimbre (vertical), ajustando ligeramente la forma del paño para adaptar los distintos anchos de las cintas o la secuencia de colores, según proceda. Coloree el diseño. A continuación dibuje otro paño idéntico y marque y coloree la trama (horizontal) siguiendo el mismo procedimiento. Para calcular el número de cintas, mida cada fila y añada un poco más en cada una para los dobleces y las costuras.

1 Preparar la urdimbre. Marque el tamaño del paño en el lado no adhesivo del bocací. Añada 1,2 cm alrededor para las costuras y corte. Con el lado adhesivo boca arriba, prenda con alfileres el bocací en el cartón. Corte las cintas de la urdimbre al tamaño correspondiente, incluyendo los sobrantes para las costuras. Siguiendo su plan y empezando en línea con un borde marcado, prenda las cintas con alfileres inclinándolos en ángulo hacia fuera.

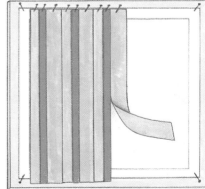

◄ La greca de terciopelo a juego destaca entre las cintas de terciopelo de vibrante colorido utilizadas para confeccionar este diseño informal a cuadros de felpa. El entrelazado aleatorio con cintas de distintas anchuras en armoniosos colores y suaves contrastes le permite experimentar con distintas colocaciones hasta hallar el equilibrio cromático adecuado.

2 **Preparar la trama.** Corte las cintas de la trama a su tamaño. Empezando en una de las esquinas superiores, alinee el borde largo de la primera cinta con el borde del paño marcado, y el borde cortado de la cinta con el borde lateral del bocací. Fíjelo con un alfiler inclinándolo en ángulo. Extienda la cinta siguiente al lado de la primera y préndala con un alfiler. Coloque las restantes cintas de esta manera.

4 **Unir las cintas.** Utilizando la plancha en frío y un paño, planche la zona entre los alfileres inclinados en ángulo para fijar las cintas al bocací. Retire los alfileres con cuidado. Dé la vuelta a la labor y planche la parte posterior con una plancha de vapor, o utilice un paño húmedo y la plancha caliente. Déjelo enfriar.

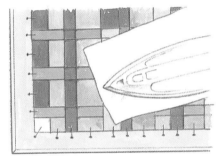

6 **Terminar la greca.** Corte otras dos tiras de tela con la misma anchura que las anteriores y con una longitud que abarque el paño y los dos bordes laterales. Marque el sobrante para las costuras como antes. Con los derechos de la tela juntos, prenda con alfileres y a continuación cosa a máquina las cintas, cosiendo por las líneas marcadas. Haga presión en las costuras para abrirlas.

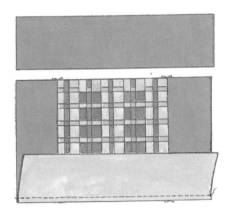

3 **Entrelazar las cintas.** Prenda un imperdible en el extremo libre de la primera cinta de la trama. Con el lado de la cinta alineado con el contorno del paño, pase la cinta por encima de la primera cinta de la urdimbre. Entrelace la cinta por debajo y por encima de la urdimbre hasta el otro lado. Prenda el extremo con un alfiler para fijarlo. Pase el imperdible a la segunda cinta de la trama. Entrelácela pasándola por debajo de la primera fila de la urdimbre. Repita la secuencia levantando cada vez las cintas de la trama. Entrelácelas hasta la base del paño. Fije los extremos de las cintas con alfileres.

5 **Añadir las grecas en los bordes.** Para hacer la greca del cojín, corte dos tiras de tela a la anchura requerida, añadiendo 1,2 cm a cada lado para las costuras, y de la misma longitud que las cintas de la urdimbre. Marque el sobrante para las costuras en el revés de la tela. Con los lados derechos de la tela juntos, prenda con alfileres una greca en los lados opuestos del paño en la dirección de las cintas de la urdimbre, a través del borde marcado y de los contornos del paño. Cosa la greca a máquina, teniendo mucho cuidado de no enganchar los orillos de las cintas. Planche estirando las costuras para abrirlas.

7 **Confeccionar la funda del cojín.** Confeccione la parte posterior del cojín, después de añadir la cremallera, y cósala a la parte delantera siguiendo las instrucciones explicadas en la página 23, paso 7.

► El contraste de texturas de las cintas de terciopelo y tafetán produce un drástico efecto en este paño central entrelazado. El tafetán se arruga en pliegues suaves contra la mayor firmeza del terciopelo, presentando un colorido en dos tonos.

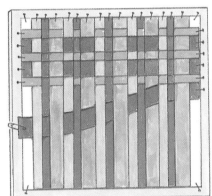

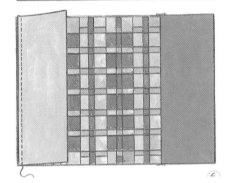

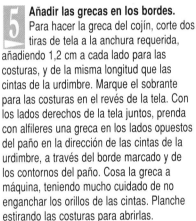

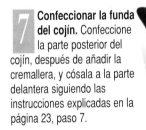

DISTINTOS ENTRELAZADOS

Pruebe distintas técnicas de entrelazado para crear interesantes efectos tridimensionales, como las labores a cuadros y en zigzag que vemos aquí. Estos modelos son fáciles de confeccionar: su aspecto es impresionante gracias a una cuidadosa selección de los colores de las cintas.

LABOR A CUADROS

Este entrelazado forma un dibujo a cuadros, por lo que es importante trabajar con cintas de la misma anchura. Se utilizan tres colores (**a**, **b**, **c**), con **a** en un tono pálido y **c** en un tono dominante. Equilibre la secuencia del entrelazado final de manera que **c** siga una secuencia de **a**, **b**, **a** a cada lado del paño.

1 **Preparar la urdimbre.** Prenda con alfileres un número impar de cintas en una secuencia de **a**, **b**, **a**, **c**, y así sucesivamente en la parte posterior.

2 **Entrelazar el dibujo.** Siguiendo la misma secuencia de colores, entrelace las cintas **a**, **b**, **a**, **c** en la urdimbre de la manera siguiente:
Primera fila: Pase la cinta **a** por debajo de una cinta, y **a** continuación siga la secuencia de dos por encima, dos por debajo, dos por encima, dos por debajo, hasta el final.
Segunda fila: Pase la cinta **b** por debajo de una cinta, una por encima, una por debajo, una por encima, hasta el final.
Tercera fila: Pase la cinta **a** por encima de dos cintas, dos por debajo, dos por encima, dos por debajo, hasta el final.
Cuarta fila: Pase la cinta **c** por encima de una cinta, y a continuación siga la secuencia de una por debajo, tres por encima, una por debajo, tres por encima hasta el final.

ENTRELAZADO EN ZIGZAG

Este diseño puede hacerse con las cintas **a**, **b**, de anchos iguales o distintos, en dos colores.

1 **Preparar la urdimbre.** Prenda con alfileres un número impar de cintas en el revés de la tela, alternando los colores **a** y **b**.

2 **Entrelazar el zigzag.** Alterne los colores **a** y **b** de la manera siguiente:
Primera fila: Pase la cinta **a** por encima de dos cintas, dos por debajo, dos por encima, dos por debajo, hasta el final.
Segunda fila: Pase la cinta **b** por debajo de una cinta, y a continuación siga la secuencia de dos por encima, dos por debajo, dos por encima, hasta el final.
Tercera fila: Pase la cinta **a** por debajo de dos cintas, dos por encima, dos por debajo, dos por encima hasta el final.
Cuarta fila: Pase la cinta **b** por encima de dos cintas, y a continuación siga la secuencia de dos por debajo, dos por encima, dos por debajo hasta el final.

▶ *Este decorativo entrelazado de cintas jacquard sobre un fondo de brillantes cintas de raso crea un nuevo trenzado en un sencillo diseño de entrelazado. Para crear este efecto, trabaje con un entrelazado básico de dos colores combinados, como el rojo y el azul, y a continuación entrelace una cinta decorativa más estrecha en filas alternas de la trama, o en sentido vertical, de la urdimbre.*

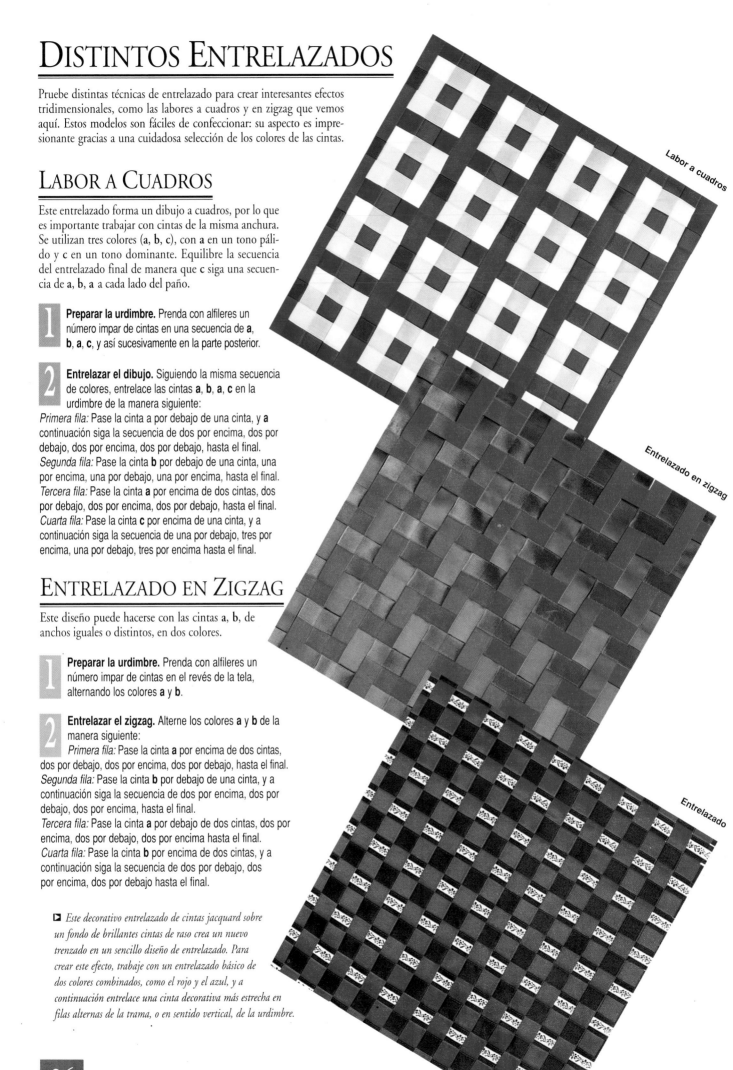

Labor a cuadros

Entrelazado en zigzag

Entrelazado

FUNDAS PARA COJINES CILÍNDRICOS

Si desea conseguir un ambiente delicado y elegante, un cojín cilíndrico es el elemento perfecto
para ello y añade un punto de sofisticación instantánea a un sofá o a una cama nido.
Siguiendo unas sencillas directrices, puede lograr unos resultados maravillosos.

Arrimados a los brazos de un sofá, apoyados en las almohadas de una cama o elegantemente colocados en la cabecera de una *chaise longue,* los cojines cilíndricos son accesorios elegantes cuya forma delgada y alargada resulta favorable en muebles de todos los estilos. Puede forrarlos de diversas maneras, adornando los extremos con encajes o plisados, y rematándolos con un botón brillante o una borla de seda; pero para conferirles un toque *chic* definitivo, una funda a juego con los bordes ribeteados es algo insuperable.

Un acabado perfecto y bien ajustado es la clave del éxito para una funda de este estilo. Mida y corte la tela con cuidado, y siga las instrucciones indicadas en la página siguiente para que las costuras estén perfectamente curvadas en cada extremo del cojín. La funda tiene una gran abertura para la cremallera, por lo que puede retirarla fácilmente cuando necesite limpiarla.

Confeccione la funda con cualquier tela para muebles. Puede comprar relleno para cojines cilíndricos en diversos tamaños o encargarlo.

Todo tipo de telas se adaptan a las sencillas líneas de la funda de un cojín cilíndrico. Puede utilizar un dibujo pequeño o de tamaño medio en todo el diseño, como estos cuadros de lana azul y blanca, u optar por otro con un estampado repetido, quede centrado en los extremos del cojín.

FUNDA DE UN COJÍN CILÍNDRICO

Estas instrucciones explican cómo confeccionar la funda de un cojín cilíndrico con extremos planos y bordes ribeteados. Asegúrese de que la tela de los extremos esté bien colocada.

1 Cortar la pieza central. Mida la longitud (**A**) y la circunferencia (**B**) del relleno del cojín cilíndrico y añada 3 cm en cada medida para los sobrantes de las costuras. Corte un rectángulo de tela con este tamaño.

2 Cortar los extremos. Mida el diámetro de uno de los extremos del cojín cilíndrico (**C**), añada 3 cm y divida después entre dos. Fije esta medida en el compás y trace un círculo en el papel. Recorte el círculo que utilizará como patrón para cortar dos círculos de la tela, centrando los dibujos.

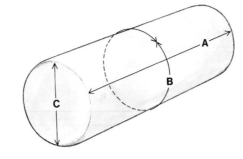

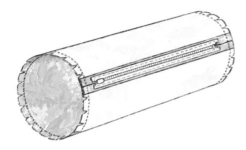

3 Coser la pieza central. Con los derechos de la tela uno frente a otro, doble la pieza central por la mitad a lo largo e hilvane el borde largo. Mida y marque la posición de la cremallera en el centro a lo largo de la costura. Cosa a máquina hasta las marcas de cada extremo. Haga presión en la costura para abrirla y coloque la cremallera boca abajo sobre aquélla. Hilvane y cosa la cremallera por los dos lados y en los extremos. Sobrehile alrededor de los extremos de la pieza central, a 12 mm del borde. Corte con las tijeras el sobrehilado a intervalos. Retire los hilvanes. Abra la cremallera.

4 Ribetear las piezas de los extremos. Prepare dos piezas para los ribetes forrados de los extremos lo suficientemente largas como para abarcar el contorno de los círculos, más 4 cm. Con los derechos de la tela juntos y utilizando el pisatelas de cremalleras de la máquina, prenda con alfileres y cosa el ribete en torno a las piezas de los extremos, cortando con las tijeras los sobrantes de las costuras del ribete para doblar y empalmar los extremos.

5 Confeccionar. Con los derechos de las telas uno frente a otro, hilvane un trozo del extremo a un extremo de la pieza central, extendiendo los sobrantes recortados de las costuras de manera que las líneas de las costuras coincidan. Repita la operación en la pieza del otro extremo. Con la pieza central boca arriba, cosa los extremos utilizando el pisatelas de cremalleras. Retire los hilvanes y recorte las piezas de los extremos para que las costuras queden planas.

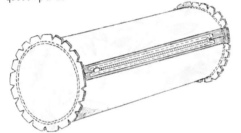

NECESITARÁ

* TELA
* RELLENO PARA COJINES CILÍNDRICOS
* COMPÁS Y LÁPIZ
* PAPEL DE EMBALAJE
* CINTA MÉTRICA
* TELA DE CONTRASTE para el ribete
* ALAMAR
* HILO DE COSER A JUEGO
* PISATELAS PARA CREMALLERAS Y ZIGZAG
* AGUJA DE HACER PUNTO

6 Terminar la funda. Recorte las costuras si es necesario. Dé la vuelta a la funda por la abertura de la cremallera. Para que adquiera su forma definitiva, utilice una aguja de hacer punto y empuje hacia afuera en las líneas de las costuras de los extremos.

☑ *Las rayas anchas de la funda del cojín cilíndrico que vemos a la izquierda están cuidadosamente colocadas en las piezas de los extremos para que sean simétricas. El cojín cilíndrico de la derecha tiene una funda menos estudiada, confeccionada en una sola pieza, plisada en el centro de cada extremo y rematada con una borla.*

PANTALLAS FORRADAS DE TELA

Estas elegantes pantallas —que no precisan costura— pueden confeccionarse
por muy poco dinero y en muy poco tiempo: todo lo que se necesita es un trozo
de tela que combine con la decoración de la habitación para llenar de luz nueva la estancia.

L a próxima vez que confeccione unas cortinas o tapice de nuevo el sofá, compre un poco más de tela para forrar una pantalla, o utilice para ello cualquier retal. La inclinación de la lámpara determinará la cantidad de tela que va a necesitar, pero para una pantalla abierta de 33 cm de diámetro hará falta aproximadamente medio metro cuadrado. Para una pantalla recta de tamaño similar se precisa menos tela. En primer lugar, haga el patrón en papel de periódico para calcular la cantidad de tela antes de adquirirla. Compre una pantalla económica y adhesivo para todos los usos, y estará listo para empezar.

Lo más importante de todo es cortar la tela de manera que se ajuste exactamente a la pantalla de la lámpara, con un sobrante para encolarlo y superponerlo en el borde una vez enrollada. En cada fase, enrolle la tela alrededor de la pantalla y haga los ajustes necesarios.

Cuando haya forrado la pantalla, puede añadirle adornos y otros elementos —trenzados, rebordes, lazos, cintas o borlas—, cualquier motivo que le agrade puede utilizarse como decoración final.

Elija una
tela para la pantalla que
combine con la decoración: como toque
final, añada un adorno decorativo a la tela.

FORRAR LA PANTALLA

1 Confeccionar el patrón. Coloque la pantalla con la costura hacia abajo, sobre un periódico y marque la posición de la costura superior y de la base. Desde costura y marcando la base con un lápiz blando, haga rodar la pantalla hasta llegar de nuevo a la costura. Haga rodar de nuevo la pantalla por la línea base trazada, marcando esta vez el borde superior. Añada 2,5 cm para el sobrante de la costura de los bordes exteriores curvados del patrón y 1 cm para los extremos rectos. Corte el patrón y utilícelo para calcular la cantidad de tela que necesita.

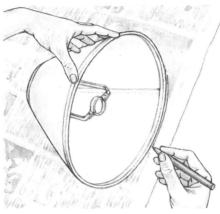

5 Unir las costuras. Aplique una fina capa de cola en la parte superior del extremo encolado y espere a que espese. Doble el borde superior, péguelo sobre el inferior y déjelo secar.

2 Comprobar el ajuste. Enrolle el patrón en torno a la pantalla y compruebe que encaje bien. Haga los ajustes necesarios. Los extremos rectos deben quedar superpuestos 2 cm y la parte superior e inferior con un margen de 2,5 cm.

3 Cortar la tela. Coloque el patrón sobre la tela de manera que todos los motivos se vean perfectamente, y corte con cuidado la tela. Haga presión 1 cm por debajo de la costura del borde recto de la tela para alisarla.

4 Encolar la tela. Aplique una fina capa de cola en la costura de la pantalla y espere unos minutos hasta que espese. Coloque el extremo sobre la línea encolada y presione para que quede en su sitio. Aplique una fina capa de cola en los bordes superior y de la base, y espere a que espese. Desde el extremo encolado, presione la tela sobre la pantalla asegurándose de que los bordes superior e inferior quedan bien pegados. Deténgase a unos 2,5 cm del extremo encolado.

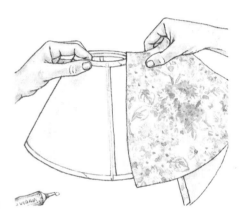

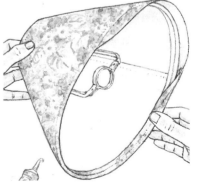

6 Terminar la pantalla. Si fuera necesario, recorte con cuidado los sobrantes de las costuras superior y de la base. Aplique abundante cola en el reverso del sobrante de la costura y espere a que espese. Doble los bordes hacia dentro de la pantalla y apriete con firmeza. Déjelo secar antes de pegar los adornos.

▲ *Esta pantalla de lámpara recta forrada con un atractivo diseño en azul y oro nos recuerda la época de Artes y Oficios. El pie de cobre combina con el oro de la tela.*

▲ *Se utiliza una tela de color dorado casi lisa para que esta pantalla abierta cause un gran efecto, haciendo resaltar el color con un cordón trenzado blanco, amarillo y dorado oscuro.*

▼ *Esta colorida pantalla de flores combina bien con cualquier pie. No lleva adornos porque el estampado basta como decoración.*

COLGADURAS DE TELA PARA LA CAMA

*La cama es el centro de atención de un dormitorio, por lo que no debe dejar desnuda
la pared de soporte del cabecero: adórnela con una llamativa colgadura de tela
cuyo efecto sea sencillo pero drástico y convierta el lecho en protagonista de la estancia.*

Sea cual sea el ambiente que desee crear en su dormitorio, luminoso y soleado, tranquilo y romántico u ostentoso, una colgadura de tela adecuada sobre el cabecero le ayudará a conseguirlo.

Elija un fondo de tela que combine bien con el estilo de la habitación. Como toque final impresionante y discreto, cuelgue un paño de tela exótica u original en la pared en la que se apoya el cabecero. Ya sea un tapiz antiguo, una alfombra, una colcha, o una manta con sus colores preferidos, centrado sobre el cabecero, causará un efecto magnífico, como lo creará también un cuadro de grandes proporciones.

Como alternativa, las cortinas o colgaduras cayendo desde el techo hasta el suelo desde lo alto de la cama producen una sensación de comodidad y altura. Y no tiene que complicarse la vida ni gastarse el dinero en un baldaquino o un dosel. Simplemente cuelgue las cortinas de ganchos o barras para conseguir un resultado más informal, aunque no menos elegante. Para que el impacto sea completo, las colgaduras deben ser de una pieza y lo más ondulantes posible, desparramándose por el suelo en generosos pliegues. Por lo tanto, no escatime en tela.

Unas elegantes lilas y una luminosa y brillante combinación de colores confieren a este dormitorio un aspecto luminoso y soleado, y el orgullo del lugar es el paño de tela tras el cabecero de la cama, que se convierte en el foco de atención de la habitación, siendo una forma económica de introducir una tela más lujosa en un conjunto.

▶ *Esta preciosa alfombra* no se estropeará estando colgada de la pared. Su textura y riqueza de tonos añaden calidez a la habitación y contrastan con los restantes tejidos.

▲ *Esta antigua colcha de algodón* ocupa un lugar predominante en la pared, ofreciendo un fondo delicioso y poco corriente para la cama. La colcha se sujeta con una barra de cortina de cobre enganchada a la pared.

◀ *Un trozo de muselina,* colgado en sujeciones de madera, corona la cama de este pequeño dormitorio, sin que quede sobrecargado. La decoración con telas vaporosas colgadas de la pared hace que las habitaciones pequeñas parezcan más espaciosas.

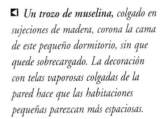

▶ *Los pliegues de encaje* cayendo en cascada desde una barra de cortina, y recogidos con sujetacortinas de organza, convierten esta cama en el romántico centro de atención del dormitorio.

COLGADURAS SOBRE LA CAMA

*Añada presencia y elegancia a una cama corriente coronándola con una tela
colgada de dos barras montadas en el techo y que combine o contraste
con los demás complementos, dejando que caiga total o parcialmente hasta el suelo.*

Una pieza de tela suspendida de dos barras sobre la cama es una decoración magnífica que se convierte en el centro de atención de un dormitorio y ofrece el impacto visual de una cama con baldaquino. Una vez localizadas las viguetas del techo, colocar las barras de apoyo y colgar la tela es tarea sencilla; o si elige una tela igual por ambos lados —una gasa, por ejemplo— todo lo que necesita es hacer un dobladillo en los extremos.

La tela y los accesorios deben armonizar con el estilo de la habitación: una pieza estampada con ramitos colgada de dos barras de pino para un cuarto del estilo de una cabaña rústica, una tela de ensueño atada con lazos en barras de hierro forjado para un estilo romántico, o colgaduras de terciopelo, en barras doradas adornadas con florones, para conferir un toque de magnificencia.

Busque telas que armonicen o contrasten con la combinación de colores y la pasamanería de su dormitorio. Puede poner las colgaduras a juego con las cortinas o con la colcha, o elegir colores de contraste para que la cama sea el centro de atención. Las telas económicas, como las que llevan revestimiento de algodón, el tul, el percal, o incluso la tela de sábanas de algodón/poliéster, son muy adecuadas, incluso en lo que al precio se refiere, ya que necesita bastante cantidad.

Las colgaduras pueden adaptarse de múltiples formas para crear exactamente el ambiente que desee: cayendo hasta el suelo o sin llegar a tocarlo, formando una gran curvatura, estiradas o fruncidas, y con los bordes rectos o con forma. Puede añadir un revestimiento de contraste, una greca decorativa o un borde recortado.

Un panel de tela estampado con flores, curvado sobre la cama, se prolonga a partir de un elegante panel colocado en la pared que sirve asimismo como cabecero improvisado.

CONFECCIONAR UNA COLGADURA

NECESITARÁ

* UNA ESCALERA
* CUATRO CÁNCAMOS GRANDES Y CUERDA O ACCESORIOS PARA BARRAS DE CORTINA
* DOS BARRAS, UNA CORTINA O SIMILAR
* UN OVILLO DE CUERDA
* CINTA ADHESIVA
* UNA CINTA MÉTRICA
* LA TELA PRINCIPAL
* TELA DE FORRO
* HILO A JUEGO
* TIJERAS
* JABONCILLO

A continuación se indican las instrucciones para confeccionar una *colgadura sin fruncir con jaretas*, suspendida del techo por barras de madera. Si no está seguro de la longitud, cuelgue una cortina o una sábana vieja de las barras para comprobar el efecto. Esta colgadura se sujeta a las barras con jaretas cosidas a lo ancho de la tela.

Si desea confeccionar una *colgadura fruncida sin jaretas*, elija una tela igual por ambos lados. Calcule el ancho de la colgadura multiplicando la anchura final (normalmente el ancho de la cama) por 1,5-2, dependiendo de la amplitud requerida. Una greca puede resultar un tanto voluminosa al fruncirla, por lo que la colgadura fruncida debe fijarse a las barras con grapas, chinchetas o cinta velcro.

SUSPENDER LA COLGADURA

Para suspender la colgadura puede utilizar dos barras de cortina y accesorios de fijación enganchados al techo, o si éste es muy alto o desea que la colgadura quede justo encima de la cama, puede colgar dos barras en una cuerda o un cordel fijándolos al techo mediante cáncamos. Puede utilizar barras de madera, mangos de escoba o cañas de bambú en lugar de barras de cortina, salvo que emplee accesorios propios para cortinas. Las barras deben medir entre 20 y 30 cm más que el ancho de la cama. Asegúrese de atornillar bien los accesorios a las viguetas del techo: recuerde que una colgadura pesa tanto como unas cortinas.

Otra opción es suspender la colgadura de cables de cobre tendidos en el techo (consulte la página siguiente).

1 Colgar las barras. Localice las viguetas más adecuadas sobre la cama.
Utilizando una cuerda. Atornille los cuatro cáncamos enroscados en su sitio de dos en dos. Corte cuatro trozos de cuerda con la misma longitud y ate un extremo en el cáncamo y el otro en la barra, de forma que cuelguen rectas y a la misma altura.
Utilizando accesorios para barras de cortina. Fije bien los accesorios a las viguetas y ponga las barras en su lugar correspondiente con el sistema habitual.

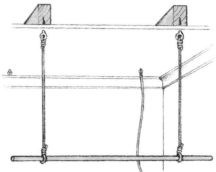

2 Medir. Empezando en el extremo del cabecero, lleve el cordel desde el punto de caída que desea hasta la primera barra y péguelo con cinta adhesiva; lleve el cordel a lo largo de la segunda barra, dejando un poco de sobra, y péguelo; a continuación, tiéndalo hasta los pies de la cama y corte lo que sobra. Marque la posición de las jaretas en el lugar en el que el cordel cruza las barras. Despegue el cordel y mídalo para saber cuál es la longitud final de la colgadura. La anchura es igual a la de la cama.

3 Cortar. Corte un rectángulo de la tela principal y otro de la tela del forro al tamaño requerido, añadiendo 3 cm a lo ancho y a lo largo para los sobrantes de las costuras.

4 Marcar las jaretas. Para hallar el ancho de las jaretas, mida la circunferencia de una barra. Coloque juntos los derechos de la tela principal y de la tela de forro, haciendo coincidir los bordes. Prenda con alfileres e hilvane. Utilizando el trozo de cordel marcado como guía, marque en la tela con el jaboncillo las posiciones de las jaretas de las dos barras.

◁ *La colgadura puede tener la longitud que usted desee; ésta se arrastra por el suelo a los pies de la cama. La tela enjaretada se apoya en dos barras de madera; una buena idea es, una vez colgadas las cortinas, pegarlas a las barras con cinta velcro para que no se deslicen.*

◄ *Si desea combinar las cortinas y la colgadura de la cama, lo mejor que puede hacer es colgarlas en barras que vayan a juego, especialmente si son tan atractivas como éstas. La tela utilizada en la greca de la colgadura se repite en la guardamalleta de la ventana.*

AÑADIR LA GRECA

1 **Cortar.** Para añadir una greca de contraste en los bordes de la colgadura, como vemos en la fotografía, lo primero que debe decidir es el ancho de la misma. Corte cuatro trozos de tela de contraste a este tamaño por el ancho de la colgadura, añadiendo 3 cm en ambas medidas para los sobrantes de las costuras. Corte la tela principal y el forro igual que en el paso 3 de *Confeccionar una colgadura,* pero debe restar del largo el ancho de las dos grecas.

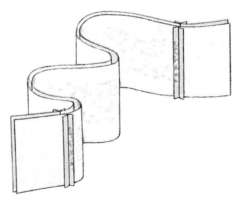

5 **Coser la colgadura.** Dejando 1,5 cm para los sobrantes de las costuras, cosa a máquina el borde, dejando espacio para las jaretas en las posiciones marcadas y una abertura de 40 cm en uno de los bordes laterales para darle la vuelta. Recorte las esquinas.

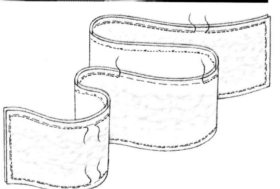

2 **Coser la greca.** Con los derechos juntos y haciendo coincidir los bordes, prenda con alfileres, hilvane y cosa una banda de greca a los extremos de la tela principal y las piezas del forro, dejando un sobrante para las costuras de 1,5 cm. Abra las costuras con la plancha. Siga los pasos de 4 a 7 de *Confeccionar una colgadura.*

6 **Coser las jaretas.** Retire el hilván, ponga la tela del derecho y plánchela. Cierre la abertura cosiendo con puntadas largas. Prenda con alfileres, a continuación marque las posiciones de las jaretas a lo ancho de la colgadura. Cosa a máquina siguiendo estas líneas. Doble los bordes de las jaretas y cósalos.

LOCALIZAR LAS VIGUETAS

7 **Rematar.** Introduzca una varilla en cada jareta. Fíjelas y asegúrese de que queden bien sujetas.

Para hallar las viguetas del techo —normalmente con una separación entre 35 y 40 cm puede hacer lo siguiente: Golpee el techo de la habitación, que sonará hueco en la escayola y duro al topar con una vigueta. Cuando la haya encontrado, horade suavemente el techo con una lezna, que se introducirá fácilmente en la escayola y encontrará resistencia en una vigueta.

*

Retire algunas tablas del suelo de la habitación de encima para poder ver las viguetas. Golpee las viguetas que se encuentran sobre la cama mientras otra persona marca las posiciones en el techo de la habitación de abajo. Si el dormitorio se encuentra en el último piso, busque las viguetas en la buhardilla, según se ha indicado.

*

Utilice un detector de viguetas y listones. Es un pequeño detector electrónico que percibe el cambio de densidad que produce una vigueta de madera detrás de la escayola.

*

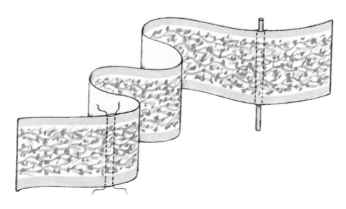

Colgadura sobre Cables

Esta colgadura con ondulaciones se sujeta en cuatro cables de bronce tendidos en el techo sobre la cama. Uno de ellos queda justo encima del cabecero, otro sobre los pies de la cama, y los dos restantes entre los dos primeros con la misma separación entre ambos. Los cables se sujetan mediante ganchos situados en dos paredes opuestas, y se fijan por un extremo a un tensor de cables, que es un tornillo enroscado que normalmente se utiliza para tensar los cables que soportan el cableado eléctrico. Los tensores pueden adquirirse en ferreterías. El procedimiento para colgar la tela es similar al explicado en las páginas anteriores.

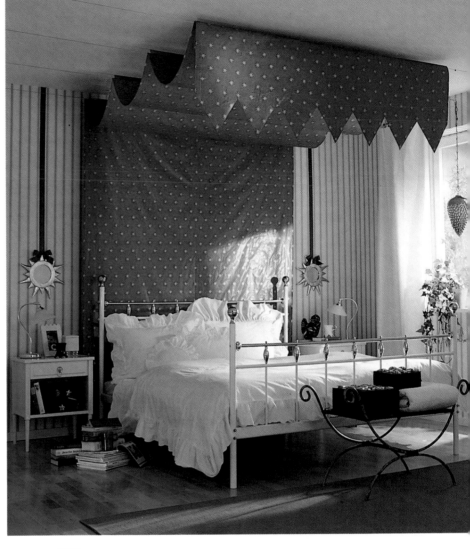

Necesitará

* Una escalera
* Cinta métrica de acero
* Cable de cobre y cortacables
* Ocho ganchos de rosca
* Taladradora y broca
* Tacos
* Cuatro tensores de cable y abrazaderas para cables
* Un ovillo de cuerda
* Hilo a juego y aguja
* Llave de apriete

1 Medir. Con una cinta métrica de acero, mida a lo largo del techo desde una pared hasta la opuesta, añadiendo 20 cm. Utilice el cortacables para cortar cuatro trozos de cable según esta medida.

2 Atornillar los ganchos. Marque en la pared la posición de los ganchos. Utilice una taladradora y una broca para hacer un orificio en cada punto, introduzca los tacos y atornille los ganchos.

3 Enganchar los cables. Sujete el extremo de un tensor en un gancho, y lleve un trozo de cable hasta el otro extremo; fíjelo con una abrazadera. Tienda el cable a lo largo del techo hasta el gancho contrario y fíjelo firmemente con una abrazadera para cables.

4 Confeccionar la colgadura. Mida con el cordel, sin olvidar las ondulaciones que forma la colgadura entre los cables. Corte y cosa la colgadura según las instrucciones de *Confeccionar una colgadura*, pero omitiendo las jaretas.

5 Colgar. Empezando en el cabecero, extienda la colgadura hasta el primer cable y déjela caer. Fíjela con unas cuantas puntadas en las distintas capas de la tela justo por debajo del cable. Coloque la colgadura en los restantes cables.

◩ *Por el techo se extiende esta colgadura azul salpicada de estrellas, recortada en zigzag en un extremo y suspendida sobre cables tensos.*

6 Apretar los cables. Apriete los cables haciendo girar la parte central del tensor con una llave de apriete exclusivamente en una dirección. Si lo que desea es aflojar la tensión, debe girar en dirección contraria.

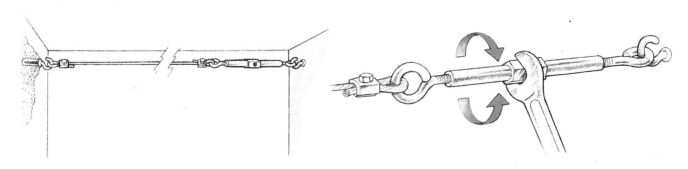

COLGADURAS DE MUSELINA

*Para proporcionar a su dormitorio un aire realmente romántico, envuelva la cama
en nubes ondulantes de muselina fina para tamizar la luz que filtran los ventanales.
El procedimiento no es caro y quedará encantado con los resultados.*

E l dormitorio es la única habitación de la casa donde realmente puede crear el conjunto de sus sueños. Sólo unos cuantos elegidos penetran en este cuarto, por lo que puede sentirse feliz experimentando y planificando el fabuloso *boudoir* de una princesa. Para conferirle el toque de evasión de un cuento de hadas, pruebe con unos festones colgantes de muselina o gasa vaporosa sobre el cabecero de la cama.

No hace falta tener un baldaquino para conferirle este aspecto. Un económico dosel en el estilo reminiscente de las antiguas mosquiteras obra milagros encima de la cama; estas mosquiteras no son caras. Sin embargo, también puede confeccionar su propia versión colgando de un gancho en el techo grandes cantidades de muselina —suficiente como para envolver toda la cama.

Si las cortinas de muselina alrededor de la cama van a producirle sensación de ahogo, hay otra alternativa agradable a la vista. Pruebe a colocar una tela ligera alrededor de un armazón cuadrado o circular instalado sobre la cama y colgado del techo.

El color de la tela no tiene por qué limitarse al blanco liso, hay gran cantidad de posibilidades de estampados en casi todos los almacenes. Las telas estampadas con ramitos son ideales como complemento para un dormitorio netamente femenino, mientras que la muselina con dibujos inspirados en temas celestiales —como estrellas, soles y lunas— son muy adecuadas por la exposición de diseños. Si le gusta lo exótico, tiña la tela en un tono rosa o melocotón, o aplique un tinte a rayas para conseguir un efecto de telaraña.

Unas cortinas transparentes revisten una cama con baldaquino confiriéndole un aspecto etéreo. Las cortinas cuelgan de sujeciones de tela transparente, cosidas en el borde superior. Quedan recogidas a los lados y atadas con grandes bandas a las barras de la cama.

◀ *Es difícil de creer* que un simple andamio metálico, sujeto a la pared sobre la cama, forme el soporte de estas colgaduras de muselina de aspecto nebuloso. La muselina cuelga enrollada formando ondas, y oculta cualquier evidencia del andamio.

◀ *Estas cortinas de gasa,* con dibujos de cachemira, colgadas de una barra blanca instalada sobre el cabecero de la cama, crean un ambiente vaporoso y romántico. Un lazo de color verde pipermint pálido en el extremo de la barra añade un toque final puramente decorativo.

◀ *A los niños les encantará jugar debajo de* este dosel de gasa suspendido sobre una amplia cama-nido. Este tipo de doseles se venden ya confeccionados.

DOSELES CON MOSQUITERAS

Una tela transparente, ligera y etérea, colocada en un dosel drapeado alrededor de la cama,
crea un ambiente muy acogedor que hará renacer el romanticismo que guarde
en su interior. Una delicada sugerencia que imprime carácter a la decoración.

Las mosquiteras tienen sus orígenes en los climas húmedos y calientes, donde son elementos básicos para mantener alejados a los insectos en las horas de sueño. En su dormitorio desempeñan un papel más decorativo que práctico, transformando la cama en una fantasía de evasión.

Puede adquirir un conjunto de dosel con mosquitera en algunos grandes almacenes y en tiendas especializadas, o confeccionarse el suyo propio. La instalación de estos conjuntos es sencilla, pero limitan las opciones de diseño, aunque puede personalizarlos con adornos, como cintas o dibujos aplicados. La confección de su propio dosel es una tarea sencilla, y le ofrece gran libertad en cuanto a la selección de la tela, desde la muselina y las transparencias con círculos o cuadros, o con dibujos característicos personales, hasta un encaje intrincadamente estampado a juego con la tela de la colcha o de las cortinas, e incluso una mezcla de exóticos diseños de colores vivos con dorados al estilo de los saris indios.

El dosel con mosquitera se apoya en un aro que le ayuda a mantener la forma de caperuza. Para confeccionar su propio dosel puede utilizar un aro grande metálico, el armazón de una pantalla abierta, o incluso un hula-hop de plástico: buscando por la casa probablemente encontrará algo adecuado. Pinte el armazón o el aro en blanco o en un tono alternativo que combine con el dosel, o únalo con cinta adhesiva o tiras.

Una cama corriente se convierte en el centro de atención al incorporar un dosel con mosquitero de muselina fina blanca. La sencillez del dosel armoniza perfectamente con la combinación de azules y blancos de la pared del fondo.

CONFECCIONAR UN DOSEL CON MOSQUITERA

Para la confección de este dosel se utilizan seis largos de muselina blanca, que se cosen entre sí y se enganchan al aro de soporte mediante cintas. El dosel se cuelga de un gancho del techo con una cuerda trenzada y un pasador, por lo que puede ajustar la altura si así lo desea. La tela ha de ser lo bastante larga como para que llegue al suelo alrededor de la cama, y preferentemente un poco más, para que caiga en pliegues en la base. La anchura final del dosel depende del ancho de la tela: elija una tela ancha si desea un dosel amplio.

<u>COLGAR EL DOSEL</u>

Cuando haya decidido el lugar donde va a ir el dosel, tenga en cuenta la altura del techo. En general, el aro cuelga a unos 2,1 m del suelo, pero tendrá que hacer algunas pruebas para conseguir unas buenas proporciones. Si no está seguro, cuelgue el aro provisionalmente de un hilo o una cuerda y ajústelo hasta quedar satisfecho con la altura.

Asegúrese de atornillar bien el gancho de sujeción a una vigueta del techo para que quede perfectamente fijo.

NECESITARÁ

* GANCHO DE ROSCA
* CORDEL
* TELA TRANSPARENTE
* TIJERAS Y ALFILERES
* LÁPIZ DE COSTURA
* UN ARO GRANDE
* HILO DE COSER A JUEGO
* CINTA ESTRECHA que combine con la tela
* CUERDA TRENZADA FLEXIBLE
* UN PASADOR de agujero grande
* UNA BORLA (opcional)

1 Colocar dosel. Decida cuál va a ser la posición del dosel; normalmente irá centrado con el cabecero o sobre el centro de la cama. Compruebe si hay una vigueta en el techo en este punto y fije ahí el gancho. Tal vez tenga que desplazar un poco la cama para que coincida con la vigueta.

2 Medir la longitud. Ate un extremo de la cuerda al gancho y déjela caer por los bordes de la cama hasta el suelo. Corte la cuerda con el largo que desee, desátela y mídala. Reste la caída desde el gancho del techo hasta donde empieza el dosel (si la hay), y añada 3 cm para los dobladillos. Corte seis anchos de tela con esta medida.

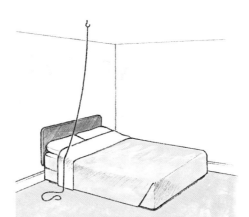

▶ *El dosel con mosquitera de delicada muselina añade impacto a la cama, pero no quita demasiado espacio visual debido a la naturaleza traslúcida de la tela. Esto hace que sea una opción excelente para dormitorios pequeños o habitaciones donde se desee mantener un ambiente etéreo.*

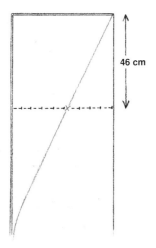

46 cm

3 Formar los bordes superiores. Doble un ancho de tela por la mitad. Mida 46 cm hacia abajo desde la parte superior del borde doblado y marque el ancho de la tela a este nivel con alfileres. Mida la circunferencia del aro y divida por 12. Mida la línea prendida con alfileres desde el pliegue y márquela suavemente con un lápiz de costura. Utilice el lápiz para trazar una línea desde este punto en sentido ascendente hasta el borde doblado de arriba. Debajo de la línea prendida con alfileres, gradúe la línea con el ancho total de la tela. Corte a 1,5 cm de esta línea marcada. Retire los alfileres y desdoble la tela. Repita este procedimiento con cada trozo de tela.

4 Añadir las cintas. Prenda con alfileres tres anchos de tela por los bordes laterales. Corte cuatro trozos de cinta de 60 cm de largo. Doble dos largos de cinta por la mitad y haga una ranura en el borde doblado de cada una, entre dos anchos de tela, en el punto marcado, de manera que colgarán del revés del dosel cuando estén cosidas las costuras.

5 Hacer las costuras en los anchos de la tela. Con costuras francesas o sobrecosturas planas, cosa los anchos prendidos con alfiler, enganchando las cintas. Repita los pasos 4 y 5 para la segunda mitad del dosel.

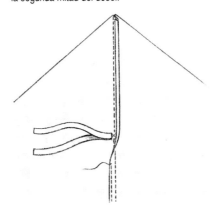

6 Crear el dosel. Prenda con alfileres y cosa las dos mitades del dosel por el centro del revés (omita la cinta en esta costura). Haga un dobladillo doble en cada borde delantero; préndalo con alfileres y cóselo a máquina. Superponga los dobladillos de los bordes delanteros, prenda con alfileres y cosa todas las capas desde la parte superior a lo largo de 70 cm.

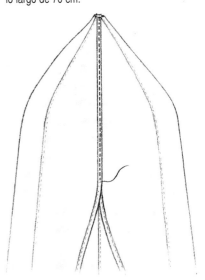

7 **Rematar los bordes.** Haga un dobladillo de 1 cm en el borde de la base. Préndalo con alfileres y cósalo. Doble los bordes superiores, dejando un pequeño agujero para que pase la cuerda a través de él.

8 **Añadir la cuerda.** Ate la cuerda a un extremo y pásela por la abertura de la parte superior del dosel, desde la parte de dentro hacia la de fuera. Haga otro nudo justo encima del borde de la tela. Si el nudo inferior se desplaza, fíjelo firmemente con unas cuantas puntadas. Pase la cuerda por el pasador, ponga un lápiz en el bucle para que no se mueva, y pásela de nuevo en sentido inverso.

9 **Colgar el dosel.** Coloque el aro en el dosel y átelo con las cintas. Cuelgue el dosel en su lugar enganchando en el gancho del techo el bucle que forma la cuerda que sale del pasador. Ajuste la altura hasta quedar satisfecho, corte la cuerda a la longitud que desee y haga un nudo en el extremo, poniendo una borla a modo de decoración si así lo quiere. Compruebe que el aro está perfectamente nivelado y ajuste las cintas en caso necesario.

TUL CON MARIPOSAS

Si le gusta la idea de utilizar un dosel con mosquitera, pero desea darle su toque personal, hay muchas opciones entre las que elegir, incluida la de una colgadura con mariposas para crear el efecto de ensueño que vemos aquí. Consulte *Equipos Personalizados* a continuación para estudiar otras ideas.

NECESITARÁ
✳ EQUIPO DE MOSQUITERA
✳ PAPEL DE CALCO Y LÁPIZ
✳ CARTÓN DURO
✳ TIJERAS
✳ RELLENO FUSIBLE (BONDAWEB)
✳ TELA para las mariposas
✳ ESTAMBRES DE ARTESANÍA PARA CONFECCIÓN DE FLORES para las antenas
✳ TUL DE NAILON
✳ HILO DE COSER A JUEGO
✳ HILO PLATEADO PARA BORDAR A MÁQUINA

La inclusión de elementos sencillos, como estas ondulantes mariposas, confeccionadas con tela blanca y rosa y un tul de nailon rosa, transforman un dosel corriente en un original diseño.

1 **Transferir los dibujos.** Haga las plantillas de las mariposas grandes y pequeñas en un cartón duro y recórtelas. Decida cuál va a ser el tamaño de las mariposas. Con las plantillas, dibuje *dos* veces el contorno de cada una de las mariposas en el lado de papel del relleno fusible. Corte con cuidado las mariposas y plánchelas en el revés de la tela. Corte.

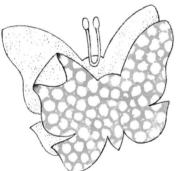

2 **Formar las mariposas.** Retire el reverso de papel de las mariposas y planche las dos capas juntas, poniendo entre ambas un estambre de flores doblado en la parte superior del cuerpo para formar las antenas. Por cada mariposa de tela, debe cortar dos piezas de tul siempre del mismo tamaño.

3 **Rematar.** Coloque en la máquina una bobina con un hilo que combine con la tela de las mariposas, y utilice el hilo metálico como hilo superior. Con un punto de zigzag estrecho, cosa el contorno de las alas de cada mariposa de tela, cerca del borde. Coloque dos mariposas de tul encima de cada pieza de tela. Cosa en zigzag el contorno del cuerpo en todas las capas. Fije las mariposas al mosquitero con unas cuantas puntadas en el cuerpo.

EQUIPOS PERSONALIZADOS

Ponga en los bordes de la abertura del dosel un ribete de raso blanco, en tonos pastel o un color más fuerte que combine con los restantes muebles del dormitorio.

✳

Confeccione un bandó en tela transparente de color para colgar en la parte superior del dosel, creando un efecto de caperuza a capas. Ajústelo al aro, como vemos en la página anterior, con el borde inferior festoneado, en zigzag o adornado con una borla.

✳

Cosa a mano diminutas cuentas brillantes o delicadas perlitas esparciéndolas aleatoriamente por la mosquitera a modo de pequeños detalles.

CABECEROS ACOLCHADOS

*Un cabecero acolchado añade un toque final de lujosa elegancia
a cualquier dormitorio. Protege la pared, confiere a la cama un aspecto más atractivo
y relajante, y ofrece un respaldo blando para sentarse en la cama si desea leer un rato.*

Los cabeceros tapizados y acolchados son una de las opciones más confortables para una cama. Puede rematarlos añadiendo algún detalle suntuoso, como un ribete con botones de contraste o un cerco de tela a juego, como vemos en la fotografía de arriba.

El cabecero se hace cubriendo una tabla con una capa de espuma gruesa. A continuación se añade la tela principal del panel central, después el ribete y finalmente el cerco de tela. Todos estos elementos se fijan al cabecero con cinta adhesiva y grapas. Lo único que hay que coser es el ribete y el fruncido de la tela del borde para formar un efecto de encaje.

Puede utilizar telas de peso medio para muebles. Puesto que no hay manera de lavar la tela después de haberla fijado, debe elegir una con protección antimanchas, o tratarla con un protector de telas en spray antes de la confección. Recuerde que las manchas son menos evidentes en un tejido estampado que en uno liso.

Las instrucciones indicadas en la página siguiente explican el procedimiento para forrar un cabecero viejo en mal estado, o para acolchar y forrar un cabecero de encargo o un trozo de madera contrachapada que haya cortado usted mismo. Si va a forrar de nuevo un cabecero, guarde los retales para utilizarlos como patrones si todavía están intactos.

Un cabecero en arco es elegante y resulta más sencillo de forrar que otras formas más complejas. Una atractiva combinación con el borde estampado y la pieza central lisa de color azul combina bien con el edredón y los cojines.

CONFECCIONAR EL CABECERO

NECESITARÁ

* CINTA MÉTRICA
* UN PAPEL PARA EL PATRÓN
* UNA FUENTE
* MADERA CONTRACHAPADA DE 13 mm
* UNA SIERRA DE VAIVÉN O UN SERRUCHO DE MANO DE DIENTES FINOS Y UNA SIERRA CALADORA
* ESPUMA DE 4 cm DE ESPESOR, 5 cm MÁS LARGA QUE EL CABECERO
* LÁPIZ Y TIJERAS
* ADHESIVO PARA TODOS LOS USOS
* UNA GRAPADORA INDUSTRIAL, GRAPAS DE 13 mm Y UN MARTILLO
* UN ROTULADOR
* BANDA DE SOPORTE
* TELA PARA MUEBLES para el panel central
* TELA DE CONTRASTE para el borde
* TELA DE CONTRASTE para el ribete
* TELA DE FORRO para la parte posterior
* RELLENO
* ALAMAR
* CORDEL FINO para fruncir el borde

Las instrucciones indicadas a continuación explican el procedimiento para la confección de un cabecero de madera contrachapada con arco. Si no quiere cortar la madera, compre uno con la forma que desee o hágalo rectangular.

Las medidas de un cabecero son normalmente 50-60 cm de altura desde el borde superior del colchón (**A**). Para obtener el ancho, mida la anchura de la cama y añada 7,5 cm a cada lado (**B**) para la ropa de cama.

Necesita un elemento especial denominado banda de soporte. Ésta es una cinta estrecha de cartón delgado que se utiliza como base firme para grapar la tela, el borde y el ribete. Puede adquirirla en proveedores de tapicerías o pedírsela a un tapicero.

La tela interior, el borde y el ribete se grapan en la plancha por la línea del ribete. Para que esta zona quede ordenada, grape a intervalos regulares en lugar de colocar las grapas juntas, de manera que pueda alternar las grapas en cada capa. Las grapadoras y las grapas pueden adquirirse en grandes almacenes y tiendas de bricolaje.

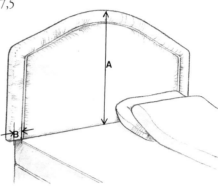

PREPARAR EL CABECERO

1 **Crear el diseño.** Una los trozos de papel para formar una hoja 15 cm más ancha que la cama por 50-60 cm. Dóblela por la mitad a lo ancho. Utilizando la fuente, dibuje en el papel la forma que haya elegido para el cabecero y recórtela con cuidado. Despliegue el papel y péguelo en la pared en la cabecera de la cama para comprobar el tamaño y la forma, ajustándolo si fuera necesario. Marque la forma del borde —10 cm es una anchura adecuada— midiendo a intervalos hacia el interior desde los bordes superior y laterales, y uniendo los puntos para formar una línea continua.

2 **Cortar la madera contrachapada y la espuma.** Extienda el patrón sobre la madera contrachapada y marque el contorno con un lápiz. Ajuste la madera en un banco de taller y utilice una sierra de vaivén o un serrucho de dientes finos para cortar por la línea recta a lápiz, y una sierra caladora para cortar las curvas. Coloque un borde largo de la espuma al ras con el borde inferior de la plancha y recorte por los bordes superior y laterales de manera que la espuma quede 5 cm más larga que la plancha en estos bordes.

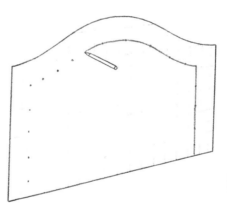

3 **Fijar la espuma.** Aplique adhesivo en la superficie de la plancha y, con el borde inferior de la espuma al ras del borde de la plancha, pegue la espuma en la parte superior. Tire del exceso de espuma en torno a los laterales y la parte superior de la plancha, y grápela en el reverso con una grapadora.

4 **Marcar el borde.** Para transferir la línea interna del borde a la plancha forrada de espuma, corte el borde del patrón realizado en papel dejando la sección interna. Con el borde inferior al ras de la base, colóquelo justo en el centro de la espuma y marque el contorno con un rotulador.

5 **Grapar la banda de soporte.** Extienda la banda de soporte haciendo coincidir un borde con la línea marcada con rotulador, cortando en redondo el borde en las curvas. Grape la banda por el centro en la espuma pegada a la plancha, dejando una separación de 5 cm entre las grapas. Utilice un martillo para hundir las grapas que no queden bien encajadas. Esta banda sirve a modo de directriz y de base firme para grapar la tela del centro, el borde de encaje y el ribete.

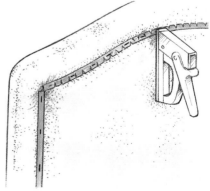

Siempre que realice con cuidado el paso de grapar la banda, no le será difícil conseguir un cabecero con un acabado tan profesional como éste.

5 **Fruncir el borde.** Dejando 5 cm sin fruncir en cada uno de los extremos, cosa a máquina en zigzag sobre la cuerda estrecha en un borde largo de la cinta de tela del borde largo, a 6 mm del borde; como alternativa, puede dar unas filas de puntadas de fruncido a 6 mm y 12 mm del borde.

6 **Unir el borde.** Doble la tira de tela en cuatro partes y marque estas secciones en el borde fruncido; divida también en cuatro la línea del ribete del cabecero, y márquela. Tire del fruncido de la cinta de tela para ajustarla con la línea ribeteada. Con los derechos de frente y haciendo coincidir los bordes, extienda el borde fruncido de la cinta sobre el ribete. Haga coincidir las marcas y, entonces, grape. Ajuste los fruncidos que quedan entre las marcas, dejando mayor amplitud en las esquinas. Grape el resto de la cinta en su sitio, poniendo juntas las grapas y lo más cerca posible del ribete. Grape los extremos cortos en la parte posterior de la plancha.

FORRAR CON TELA

1 **Cortar la tela principal.** Para la sección interior, corte la tela principal en forma de rectángulo 4 cm más larga en cada dirección que la zona de la banda de soporte. Si tiene que unir dos anchos para que le dé el tamaño, junte dos medios anchos a cada lado de un ancho completo para no tener que hacer una costura central, prestando atención para que los dibujos coincidan. Abra las costuras.

2 **Cortar el borde y el ribete.** Para el borde fruncido, corte trozos de tela 15 cm más anchos que el borde, y únalos formando una tira de 2,5 a 3 veces más larga que el borde superior y los dos lados del cabecero. Para el ribete, corte suficientes tiras de tela al bies como para confeccionar una tira 5 cm más larga que los bordes superior y laterales de la sección interior.

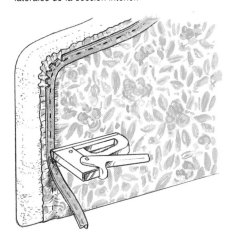

3 **Forrar la cara interna.** Extienda la tela principal con el derecho boca arriba sobre la parte delantera del cabecero, de manera que sobrepase en 4 cm la banda de soporte por todo el contorno. Procurando no grapar las grapas que hay debajo, grape la tela a la banda de soporte, primero en la parte superior (**A**) y después en el borde inferior del reverso de la plancha (**B**). Ponga una grapa en una de las esquinas superiores (**C**), y en la parte inferior del reverso de la plancha (**D**); repita el procedimiento en el otro lado (**E**, **F**). Grape la tela a intervalos de 5 cm en la banda de soporte y el reverso de la plancha. Recorte el sobrante de tela a 1,5 cm.

4 **Añadir el ribete.** Confeccione el ribete. Llevando los extremos al reverso de la plancha, extienda el ribete mirando hacia fuera y con la línea de puntadas sobre la línea de grapas. Empezando por el centro, grape con cuidado esta línea a intervalos de 5 cm recortando el ribete. Grape y recorte los extremos en el reverso.

7 **Rematar el borde.** Corte una tira de relleno con el ancho del borde más 4 cm. Colóquela sobre el frontal y el borde de todo el cabecero. Tire de la tela del borde sobre el relleno hacia el reverso del cabecero, ajustando los frunces y grapándolos en su sitio. Retire las puntadas que se vean por fuera del cabecero.

8 **Arreglar la parte posterior.** Utilice el cabecero como plantilla para cortar un trozo de forro, y haga presión sobre el contorno a 12 mm del borde. Extienda el forro en reverso del cabecero de manera que cubra todo y grápelo.

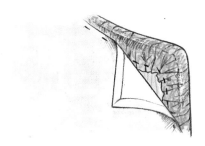

FIJAR EL CABECERO

Las bases de las camas se sujetan normalmente con dos pernos en el extremo de la cabecera, que suelen colocarse a unos 15 cm de los laterales hacia dentro y hacia la mitad de la base hacia abajo. El cabecero se fija en su sitio con dos listones de madera, atornillados en el reverso del mismo y sujetos a la base de la cama.

Hay cabeceros más altos o más pesados que tienden a tambalearse al fijarlos a la base de la cama, por lo que se enganchan a la pared con un par colgadores. Éstos consisten en dos placas metálicas —macho y hembra— una de las cuales se atornilla en la parte posterior del cabecero y la otra en la pared. Quedan firmemente encajadas sujetando el cabecero a la pared.

FIJAR CON LISTONES

NECESITARÁ

* Dos listones de madera de 800 X 65 X 20 mm
* Un lápiz
* Un taladro y una broca para madera
* Cuatro tornillos para madera

1 **Taladrar los orificios de los pernos.** Retire los pernos de la base de la cama. Coloque un listón en el suelo contra la parte posterior de la base de la cama y marque la altura del orificio del perno en el reverso de la pata. Repita el procedimiento en el otro listón. En ambos listones, taladre un agujero en el punto marcado que tenga cabida para el perno. Atornille las patas de los listones a la cama.

2 **Colocar el cabecero.** Apoye el cabecero en el colchón contra los listones y céntrelo. En la plancha, marque el centro de cada listón. En los listones, marque el punto central correspondiente y la altura del colchón. Desatornille los listones y haga dos agujeros en la línea central de cada uno de ellos, uno a 5 cm hacia arriba desde la marca del colchón y otro a 5 cm hacia abajo desde la parte superior del listón. Coloque el cabecero boca abajo en el suelo y ponga los listones en la parte superior, haciendo coincidir las marcas. Atornille los listones al cabecero y a la cama.

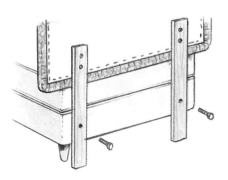

FIJAR LOS COLGADORES

NECESITARÁ

* Dos juegos de colgadores
* Taladro y broca
* Tacos
* Tornillos
* Destornillador

Los cabeceros acolchados son ideales para dormitorios infantiles, ya que ofrecen un soporte cómodo y agradable que no se romperá aunque se lancen de cabeza.

1 **Emplazar los colgadores.** Apoye el cabecero en el colchón y marque con un lápiz el centro en la pared. Retire el cabecero y coloque las dos piezas machos de los colgadores —las que tienen las lengüetas hacia arriba— de manera que queden justo a la misma distancia del punto central del cabecero. Fije los colgadores en la pared.

2 **Fijar los colgadores en el cabecero.** Antes de apretar los tornillos a la pared, déjelos flojos de manera que sobresalgan unos 6 mm, y aplique un poco de tiza o de tinta en las cabezas de los tornillos. Apoye el cabecero contra la pared en la posición correcta y haga presión contra los tornillos para dejar una marca de tiza o tinta en el reverso del cabecero. Coloque en estas marcas las piezas hembras de los colgadores —las que tienen las lengüetas hacia abajo— y enganche el cabecero.

ROPA DE CAMA BORDADA A MÁQUINA

Utilice la máquina de coser para bordar grecas y motivos decorativos en la ropa de cama lisa.
Puede confeccionar todo tipo de atractivos diseños adaptando las puntadas
básicas de la máquina al diseño que desea realizar y al colorido de los demás complementos.

El bordado en la ropa de cama tiene un atractivo especial, haciendo que parezca algo un poco más lujoso que un simple estampado. El bordado a máquina de dibujos y adornos en sábanas y fundas es sorprendentemente sencillo, ya que casi todas las máquinas de coser modernas tienen la posibilidad de coser en zigzag, lo que le permite hacer plumetís. Aunque su máquina no tenga el brazo oscilante necesario, podrá bordar haciendo pequeños ajustes a la máquina. Puede hacer punto recto y utilizar hilos poco corrientes para crear diseños lineales que parezcan un bordado de cordoncillo.

Si no tiene experiencia en el bordado a máquina, lo mejor que puede hacer es confeccio-nar una labor con un buen efecto gráfico: el efecto de los diseños sencillos, con un buen equilibrio cromático, suele ser impresionante, como si de complicados bordados profesionales se tratara. Los diseños de las páginas siguientes son un punto de partida ideal, ya que están basados en líneas rectas, sin formas extrañas, y siguen un dibujo claramente definido, lo cual significa que puede crear curiosos efectos con técnicas básicas de costura a máquina.

Puede bordar ropa de cama ya confeccionada —descosa las costuras laterales de las fundas de las almohadas o los edredones nórdicos— o empezar bordando sábanas lisas para convertirlas en fundas. La ropa de cama bordada se limpia de la forma habitual.

La creación de un dibujo a rayas con plumetís en colores vivos es una perfecta introducción al arte del bordado a máquina. El contraste entre la agrupación formal de las rayas de la greca y los bloques de rayas más pequeños colocados de forma aleatoria, produce un alegre efecto gráfico en esta ropa de cama blanca.

BORDAR A MÁQUINA

Antes de empezar cualquier labor de bordado, es una buena idea revisar la máquina; asegúrese de que está limpia y bien lubricada, y repase el manual para consultar las distintas opciones de funcionamiento. Ponga una aguja nueva de acuerdo con el peso de la tela. Los tamaños adecuados suelen ser 70-90, dependiendo del grosor del hilo que utilice. Los diseños que aparecen aquí se confeccionan utilizando hilo de coser corriente para poliéster o poliéster con revestimiento de algodón, pero también puede usar hilo de coser a máquina más fino para los plumetís.

La forma más sencilla de bordar a máquina es coser siguiendo una línea trazada, marcada en la tela con un lápiz. En cuanto a diseños más complejos, en primer lugar puede hacer el dibujo en papel de seda, a continuación hilvanarlo a la tela y coser por la línea marcada; el papel se desprende a medida que la aguja lo atraviesa (consulte este método en la página siguiente). Para que la tela no se arrugue al hacer los plumetís, fije la zona de costura con un papel adhesivo especial para costura (consulte *Ropa de cama con plumetís a rayas* a continuación).

OPCIONES DE DISEÑO

Los diseños de grecas y dibujos son una combinación adecuada para la ropa de cama debido a su versatilidad. Es posible hacer una greca estampada en el borde superior de la funda de un edredón nórdico, en el borde de una sábana, en los bordes de la funda de una almohada e incluso en el borde de la base de una doselera. Puede resultar interesante crear un dibujo combinado —tal vez un elemento de la greca, como vemos abajo— y repetirlo a intervalos en toda la ropa de cama. O, para que sea más sencillo, utilizar la greca de las fundas de un edredón y las sábanas y hacer un solo dibujo en la esquina de las fundas de las almohadas.

El mismo diseño parecerá totalmente distinto dependiendo de los colores elegidos para los puntos. Si desea conseguir un efecto drástico, escoja un color vivo para el bordado que contraste con las sábanas. Si desea un efecto más discreto, elija un bordado con colores que hagan juego con las sábanas. Si desea un efecto sutil —y que nunca pase de moda— confeccione el bordado del mismo color que las sábanas; una combinación clásica es blanco sobre blanco.

ROPA DE CAMA CON PLUMETÍS A RAYAS

Este sencillo diseño de tres rayas se repite aleatoriamente en toda la ropa de cama. Es un diseño que se adapta fácilmente: sólo hay que repetir el dibujo todas las veces que sea necesario a lo largo de todo el borde. Asimismo, puede colocar de otra manera los elementos básicos del diseño y crear otro efecto: duplicar las rayas para confeccionar una banda en el centro de la funda de un edredón, o alternar la dirección de cada uno de los bloques de tres rayas para que produzca así la sensación de entrelazado.

Pruebe en una sábana vieja para ver si puede hacer una línea de plumetís de una vez o si, por el contrario, necesita coser la línea del diseño en dos veces, como se indica en los pasos 4-5, para que la tela no se arrugue. Esto depende de la máquina.

Plantilla de las rayas de la greca

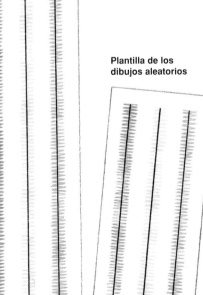

Plantilla de los dibujos aleatorios

1 Preparar las plantillas. Marque las rayas de las plantillas en un trozo de cartulina. Utilizando el cuchillo y el cortador, haga un corte siguiendo la línea de cada raya que sea lo suficientemente ancho como para que quepa la punta de un lápiz. Descosa después las costuras en los lugares que proceda de las fundas para poder coserlas. Estire.

2 Marcar el diseño. Empezando en el centro, utilice una regla, la *plantilla de las rayas de la greca* y un lápiz, para medir y marcar bloques de tres rayas en el (los) borde(s) de la ropa de cama, alineándolos con las líneas de puntos de las costuras y dejando una separación de 2,5 cm; es posible que tenga que ajustar las separaciones para que los dibujos encajen por igual. Marque a lo largo de la línea de puntos en el extremo de la tela, si está trabajando en un solo borde, o deje libre la esquina —como se indica— si trabaja en todo el contorno. Si lo desea, utilice la *plantilla de dibujos aleatorios* para marcar los dibujos a intervalos en toda la ropa de cama.

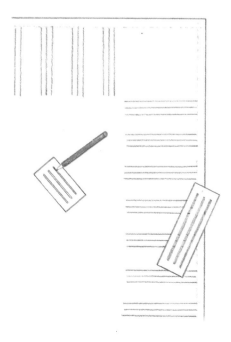

EXPERIMENTAR

Con objeto de adquirir seguridad con las técnicas de bordado a máquina, intente confeccionar algunos dibujos en zigzag y plumetís en una sábana vieja. Practique cambiando la longitud y la anchura de un punto y utilizando distintos hilos. Practique haciendo líneas rectas con distintos anchos y largos. Pruebe a cambiar gradualmente el ancho de la puntada de una fila para crear líneas ondulantes, o repentinamente para crear triángulos o rombos. Intente además hacer dibujos cosiendo líneas cortas de plumetís de distintos colores, uno al lado del otro o en forma de cruz; le sorprenderá la rapidez con la que hace «garabatos».

◄ *Las rayas de plumetís en color púrpura, fucsia y verde confieren un aspecto moderno a la ropa de cama blanca. Variando los colores de los hilos puede presentar aspectos muy distintos: pruebe el hilo negro para conseguir un estilo japonés, una mezcla de pastel para un estilo más suave, o blanco sobre blanco por pura sofisticación.*

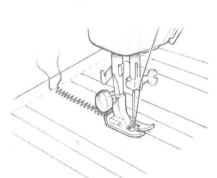

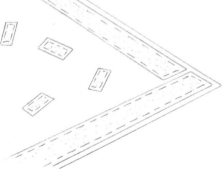

3 Sujetar la tela. Prenda con alfileres e hilvane tiras de soportes desechables que cubran la zona detrás de las rayas marcadas de la greca, y prenda con alfileres e hilvane un trozo detrás de cada dibujo aleatorio.

4 Empezar a coser. Enhebre la máquina y la bobina con el primero de los hilos de colores. Ponga la máquina en punto de zigzag cerrado; el ancho de la puntada debe coincidir con el del dibujo. Empezando por los dibujos aleatorios o los del borde, introduzca la aguja en un lateral del extremo de una raya marcada, y tire del hilo de la bobina en el derecho de la tela. Cosa en zigzag hasta el final de la raya marcada.

5 Terminar la primera raya. Al final de la raya, haga girar la aguja y dé la vuelta a la labor. Termine el zigzag y cosa por la línea hacia abajo. Para rematar, tire de los hilos en el derecho de la tela y corte, dejando una hebra larga. Fije éstas posteriormente.

6 Confeccionar los bloques de rayas. Cosa todas las rayas con el primer color como se describe en los puntos 4-5. Enhebre la aguja y la bobina con el segundo color y cosa la segunda raya de cada bloque de la misma manera. Repítalo con las restantes rayas en el tercer color.

7 Remate. Retire con cuidado los hilvanes y quite el soporte desechable. Enhebre después los hilos en una aguja, páselos al revés de la tela y entrelácelos por el revés del plumetís para afirmar la labor. Cosa cualquier costura abierta con hilo de coser a juego y, por último, planche la prenda.

GRECAS ORIGINALES

Esta técnica de imitación de cordoncillo se realiza con puntos rectos; no necesita una máquina de coser sofisticada. El diseño lineal se cose desde el revés de la tela, por lo que el hilo decorativo más grueso empleado en la bobina se convierte en el hilo superior. Puesto que el hilo decorativo se enrolla a mano en la bobina, puede utilizar hilo para botones, de perlé de algodón y de ganchillo, que no son demasiado gruesos para coser a máquina de forma convencional. Trace el dibujo en un patrón de papel de seda bien marcado que se desprende a medida que cose.

Ésta es una técnica adecuada para un dibujo con líneas continuas y largas, por lo que resulta ideal para la creación de dibujos repetitivos, como esta variación griega.

1 Preparar la máquina.
Enhebre la aguja de la máquina con hilo de poliéster. Enrolle a mano el hilo decorativo para los puntos principales en un carrete vacío y colóquelo en la máquina. Ponga suficiente cantidad para poder coser toda la greca sin tener que rematar, si es posible. Si la labor es larga, prepare dos carretes para poder continuar cuando se termine el primero.

2 Comprobar la tensión.
Tense un poco el hilo principal de la máquina y pruebe las puntadas en un trozo de tela viejo hasta encontrar la tensión y la longitud más adecuadas. El hilo de coser corriente debe estar ligeramente tirante sin arrugarse, de manera que el hilo más grueso, en el derecho de la tela, quede casi al ras de la superficie de la tela.

3 Hacer el dibujo.
Trace el dibujo indicado más abajo formando una greca en una tira de papel de calco y repita cuantas grecas sean necesarias para que recorra la ropa de cama.

NECESITARÁ

* ROPA DE CAMA O SÁBANA
* HILO DE POLIÉSTER A JUEGO
* HILO DE CONTRASTE PARA PUNTOS PRINCIPALES
* TROZO DE SÁBANA VIEJO
* PAPEL DE SEDA RESISTENTE
* ALFILERES E HILO DE HILVANAR

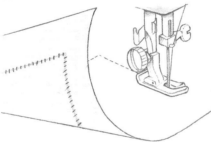

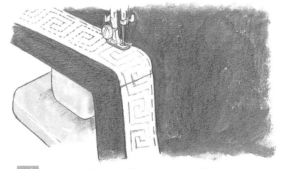

▲ *Puede utilizar una máquina de coser básica para bordar este diseño de greca clásica. Confeccionada sobre un patrón de papel en el revés de la tela, el efecto de cordoncillo se crea utilizando hilo decorativo.*

4 Confeccionar el diseño.
En las fundas de la almohada y el edredón, descosa aquellas costuras que haga falta para poder coser. Planche la ropa de cama, préndala con alfileres e hilvane los patrones en el revés de la tela, superponiendo los largos y haciendo coincidir las líneas del diseño. Ponga la labor en la máquina, colocándola para empezar a coser en un extremo de la greca. Asegure los hilos con un punto atrás, cosa siguiendo las líneas del diseño hasta el final de la greca. Fíjela como al principio.

5 Rematar.
Retire los hilvanes y el papel de seda restante. Cosa las costuras abiertas con hilo a juego, y planche la prenda por ambos lados.

Plantilla para la greca

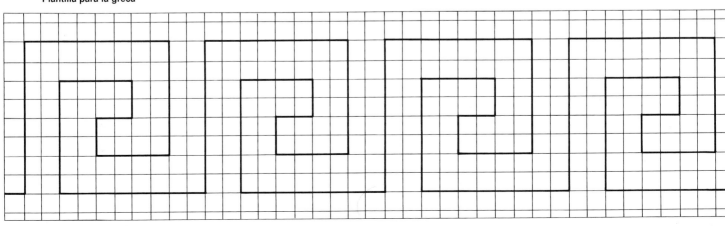

EL DELEITE DE LAS INICIALES

Entretejer las iniciales de su propio nombre o el de una persona querida
es un elemento decorativo característico cuando se utiliza para embellecer
la pasamanería de su hogar y un detalle personal con mucha distinción.

Personalice los accesorios y la pasamanería de su hogar bordando o estencilando sus propias iniciales. Elegantes letras entrelazadas, representativas de su nombre o el de su familia, son un adorno muy particular y poco corriente.

Puede decorar todo tipo de accesorios con un monograma, desde la bolsita perfumada más discreta hasta la tapicería de un butacón. Utilice los monogramas para blasonar estores, pantallas parachispas, mantelerías y ropa de cama, como su propia heráldica personal.

Muchos libros y folletos de bordados ofrecen una seductora selección de iniciales maravillosamente dibujadas que podrá copiar. El bordado a mano —normalmente sencillos plumetís— es la forma tradicional de añadir un monograma a la tela. Puede utilizarlo para lograr efectos deliciosamente sutiles bordando en hilo del mismo color que haga juego con el objeto en cuestión.

Si desea obtener resultados instantáneos, los monogramas estencilados son otra posible opción y una peculiaridad en el planteamiento tradicional. Busque estenciles previamente cortados, o no dude en utilizar libros de caligrafía para inventar sus iniciales entretejidas. Estencilados en un tono un poco más fuerte que el fondo, o en completo contraste, los monogramas son un elemento apasionante y una original alternativa a la tela estampada.

Coser monogramas en prendas y pañuelos conserva la belleza de la ropa de cama y los accesorios del hogar. Puede encontrar sábanas antiguas en tiendas de segunda mano y en puestos del mercado; incluso puede acudir a las secciones de objetos deteriorados.

▲ *Los monogramas estencilados* pueden ser la solución si el bordado no es su fuerte. Estas intrincadas iniciales entrelazadas en un taburete tapizado producen un impacto inmediato.

◄ *Esta original mantelería de jacquard,* tejida con un diseño de monogramas repetidos por todas partes, se convierte en un elemento más llamativo cuando las letras aisladas se bordan en oro. Puede crear un efecto similar cosiendo las iniciales en hilo o damasco blanco.

▲ *La popularidad de los monogramas* implica que puede encontrarlos en todo tipo de elementos decorativos. Este pequeño joyero, con el espejo a juego, puede ser un regalo o un adorno para una coqueta mesa.

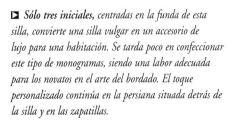

▶ *Sólo tres iniciales,* centradas en la funda de esta silla, convierte una silla vulgar en un accesorio de lujo para una habitación. Se tarda poco en confeccionar este tipo de monogramas, siendo una labor adecuada para los novatos en el arte del bordado. El toque personalizado continúa en la persiana situada detrás de la silla y en las zapatillas.

COJINES CON ACOLCHADO ITALIANO

Con las decorativas técnicas de acolchado italiano puede crear sutiles efectos tridimensionales en las fundas de almohadas y cojines. Estos diseños suavemente acolchados se hacen a mano o a máquina, como prefiera en cada caso.

Las fundas acolchadas de cualquier tipo dan sensación de resistencia y el acolchado italiano ofrece una variación versátil de este tema, que puede utilizar como complemento de cualquier habitación. Con el acolchado italiano sólo se acolchan dibujos seleccionados, por lo que los resultados son decorativos, no aislantes y, debido a la gran sutileza de los efectos, el estilo combina bien con otras telas acolchadas o estampadas. Es una forma perfecta de añadir interés textural a los accesorios de una cama, como fundas de cojines o fundas de almohadas que se retiran durante el día. Puede crear diseños lineales o gráficos, o buscar efectos acolchados más atrevidos.

El acolchado italiano presenta dos estilos principales: cordoncillo y trapunto, y en ambos se utiliza una tela principal y otra de forro de tejido flojo, como tarlatana. Los contornos del diseño se cosen a mano o a máquina atravesando las dos capas de tela, y el acolchado se introduce por pequeñas aberturas practicadas en el revés. Se cosen a mano para asegurarlas y se coloca un forro en el revés.

El acolchado italiano de cordoncillo consiste en una serie de líneas acolchadas formadas por canales de puntadas paralelas. Se pasa el cordoncillo de lana o algodón del acolchado por estos canales para acolcharlos y crear un contorno abultado.

El acolchado de trapunto tiene un efecto ahuecado similar al del acolchado corriente, pero es más adaptable, pues las zonas seleccionadas de un diseño pueden exagerarse o minimizarse a voluntad con distintas cantidades de miraguano o relleno sintético lavable. Para conferir un interés textural, puede llevar a cabo ambas técnicas a la vez, y montar la labor terminada sobre relleno de poliéster para conseguir un mayor efecto de acolchado.

El acolchado italiano de cordoncillo posee una cualidad gráfica, y este precioso cojín acolchado a mano demuestra lo elegante que puede resultar esta técnica. El dibujo puede adaptarse para la confección de una greca decorativa en una colcha.

ACOLCHADO CON TÉCNICAS ITALIANAS

En las siguientes instrucciones se indica la forma de confeccionar el acolchado de trapunto para acolchar dibujos en forma de letras en los cojines que vemos aquí, y la técnica de acolchado de cordoncillo utilizada para el cojín de la página anterior. Para todos los tipos de acolchado, las telas más adecuadas son algodón natural muy tupidos, lana y seda. Para coser el diseño a máquina, utilice un hilo de coser principal que defina bien los contornos, de una fibra que se adapte al tipo de tela. En cuanto a los efectos del acolchado a mano, utilice hilo para acolchado, algodón para bordar o hilo trenzado. Si lo desea, puede colocar la labor en un bastidor.

Haga el acolchado antes de confeccionar los cojines o las almohadas.

TRANSFERIR LOS DISEÑOS

En el acolchado de trapunto. Antes de empezar un diseño de trapunto, trace en un papel los dibujos elegidos a tamaño natural y haga una copia de referencia. Pase el diseño a la tela de forro de tarlatana, utilizando papel carbón de costura de color suave o el sistema que prefiera, no olvidando invertir el dibujo según proceda. Como alternativa, puede utilizar un lápiz blando para pasar el diseño a mano en el derecho de la tela.
En el acolchado de cordoncillo. Pase el diseño a la tela del forro como en el acolchado de trapunto. Cada línea del diseño debe constar de dos líneas paralelas con unos 6 mm de separación para colocar el cordoncillo en medio. Los diseños simétricos e iguales son especialmente adecuados para este método ya que sus cualidades lineales quedan acentuadas.

CONFECCIONAR EL ACOLCHADO DE TRAPUNTO

Hilvane el forro de tarlatana, con el diseño marcado boca arriba, en el revés de la tela. Si trabaja a mano, puede colocar la labor en un bastidor.

Para hacer fundas de trapunto como las de la foto necesitará la tela siguiente para cada uno de ellos: un cuadrado de 42 x 42 cm para la parte delantera de tela principal, tarlatana y forro, y dos rectángulos de 42 x 30 cm de tela principal para el revés.

Un diseño de trapunto añade además un toque de distinción a la funda de una almohada. Puede complementar el diseño forrando la funda de la almohada con relleno ligero.

NECESITARÁ

* LA TELA PRINCIPAL
* TARLATANA
* TELA DE FORRO
* HILOS DE COSER A JUEGO
* HILOS PARA BORDAR O ACOLCHAR (opcional)
* AGUJA Y TIJERAS PEQUEÑAS AFILADAS
* MIRAGUANO O RELLENO
* AGUJA DE TAPICERÍA
* AGUJA DE GANCHILLO (opcional)

1 **Confeccionar el diseño.** *A máquina:* Seleccione un punto de longitud media y, con el diseño marcado boca arriba, trace con cuidado el contorno. Tire de los extremos del hilo hasta el lado de la tarlatana y fíjelo. *A mano:* Con el diseño marcado boca arriba, haga puntadas corridas pequeñas o punto atrás para perfilar el contorno.

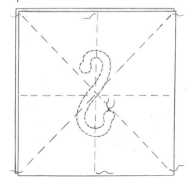

2 Preparar el acolchado. Una vez finalizado el diseño, dé la vuelta a la tarlatana. Tamaños pequeños: Abra un agujero con una aguja de tapicería entre los hilos de la tarlatana para introducir el relleno. Tamaños grandes: Abra una pequeña ranura en la tarlatana, en el centro de cada una de las zonas que va a acolchar, cortando al hilo si es posible.

3 Acolchar los dibujos. Introduzca el relleno poco a poco, alisándolo con cuidado para que no se formen protuberancias. Utilice una aguja de ganchillo o de tapicería para empujar el relleno y distribuirlo por igual. Compruebe el efecto por el derecho de la tela.

4 Fijar el acolchado. Después de acolchar todo, alise los hilos tejidos o junte los bordes con pequeñas puntadas de sobrehilado. Para conseguir un acabado perfecto, prenda con alfileres e hilvane un trozo de tela de forro sobre la tarlatana y ponga fin al trabajo utilizando las tres capas de tela como una.

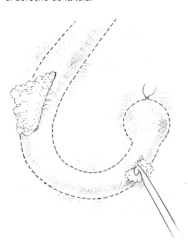

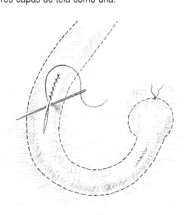

ACOLCHADO DE CORDONCILLO

Además de los materiales indicados en *Confeccionar el Acolchado de Trapunto,* necesitará lana para acolchado, que se adquiere acudiendo a proveedores especializados, o cordón de algodón blando o hebra gruesa para hacer punto para rellenar los canales. Compruebe que la hebra o el cordón caben por los estrechos canales del diseño. Si utiliza cordón, lávelo para que encoja antes de usarlo. Puesto que el cordón se pasa por los canales con una aguja roma, compruebe también si ésta cabe. En cuanto al trapunto, primero hilvane la entretela de tarlatana en el revés de la tela principal con el diseño marcado boca arriba.

1 **Coser el diseño.** *A mano:* Coloque la tela principal y la tarlatana en un bastidor y utilice hilo a juego o de contraste para coser los contornos del diseño. *A máquina:* Cosa el contorno marcado con puntadas pequeñas y rectas, siguiendo el diseño en un orden lógico, sin cortar o empezar el hilo más de lo necesario. Tire de todos los hilos hasta el lado de la tarlatana y remate bien la labor atándolos de dos en dos.

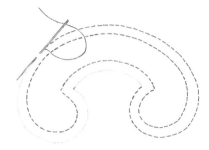

2 **Introducir el cordón.** Enhebre el cordón de relleno en una aguja roma. Procure calcular la longitud de cordón adecuada para cada canal. Al principio, abra con cuidado una pequeña ranura en la entretela de tarlatana, o utilice la aguja para separar los hilos de un canal, y pase después el cordón por la abertura que queda.

3 **Acolchar el diseño.** Pase primero la aguja por el canal a lo largo de unos 3 cm y sáquela después por la tarlatana. Repita esta misma operación siguiendo toda la línea.

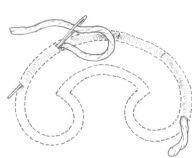

4 **Formar los ángulos y las curvas.** Cuando el contorno cambie de dirección, saque la aguja de la tarlatana, vuelva a introducirla por la abertura que ha abierto y tire. No tire demasiado del cordón porque, si no, la tela se arrugaría. Deje fuera del canal un pequeño bucle de cordón al llegar a los ángulos. Deje una hebra de 3 mm al principio y al final de cada trozo de cordón.

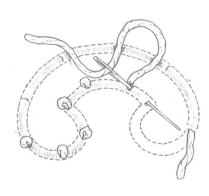

Para confeccionar una plantilla de acolchado a cordoncillo, haga una fotocopia de este dibujo al tamaño que desee. Colóquelo como en el cojín para formar una cuarta parte del diseño acabado, o ponga los dibujos uno junto a otro para formar una greca.

5 **Rematar.** Una vez que haya terminado el diseño, ponga la tela del derecho para comprobar el efecto y alise el acolchado si es necesario. Prenda con alfileres e hilvane un trozo de tela de forro en la entretela de tarlatana, y termine la labor utilizando estas tres capas de tela como una.

FUNDAS DE ALMOHADA
CON ADORNOS DE ENCAJE

Para conseguir un aspecto realmente lujoso, con una feminidad y una sencillez clásicas, las fundas de almohada blancas, adornadas con encajes y bordadas a mano, son lo último en ropa de cama romántica.

Para poder adornar una cama con volantes y encaje, de forma romántica y satisfactoria, posiblemente tendrá que gastarse una fortuna. Sin embargo, siguiendo algunos atajos prácticos, puede crear sus propios diseños de encaje con el eterno atractivo de una exquisita joya de familia, pero por mucho menos dinero.

Empiece con una funda de almohada blanca de hilo o algodón de buena calidad. Puede confeccionarla o comprarla hecha. Las fundas de almohada más convincentes son del tipo de las que se heredan de los antepasados, de algodón puro, algodón fino de Egipto y tejido de hilo. A continuación, decore el frontal de la funda con una mezcla de accesorios de encaje o bordados ya confeccionados, como un salvamanteles, un mantelito para una bandeja, una servilleta o un pañuelo.

Puede añadir un volante en el borde de la funda y disimular las costuras del tejido utilizando tiras de cinta o encaje nuevas o antiguas.

Los departamentos de antigüedades, ropa de cama, tejidos y mantelerías son buenos lugares para encontrar accesorios, adornos e inspiración. No tiene que preocuparse de que el encaje antiguo sea frágil; el bordado delicado o el hilo antiguo se fortalecen al montarlos en la funda de una almohada.

En la medida de lo posible, intente adaptar la textura y la blancura de las distintas telas. Si no puede adaptar exactamente los adornos de encaje, elija uno de color crema o café, pues el contraste define el diseño. Una vez terminada la funda de la almohada, puede copiar diversos elementos del diseño para repetirlos en una sábana o en la funda de un edredón.

Esta ropa de cama adornada con encajes, de un blanco inmaculado y recién lavada, presenta un fabuloso aspecto entre los luminosos colores de cojines y cortinajes ricamente estampados.

LA FUNDA DE ALMOHADA DE LA ABUELA

En las instrucciones se explica cómo confeccionar una funda de almohada con un paño frontal independiente y un paño posterior con abertura de solapa. El paño central de la parte delantera es un salvamanteles bordado. Los bordes del salvamanteles quedan ocultos por un reborde de tira de encaje, con las esquinas cosidas dobladas en inglete. El borde externo del encaje se introduce en las costuras de la funda de la almohada.

Si lo prefiere, puede empezar con una funda lisa blanca ya confeccionada y descoser las costuras para hacer un frontal independiente. A continuación puede añadir el bordado o el encaje como si confeccionara su propia funda.

Para obtener buenos resultados, primero lave, almidone ligeramente y planche todas las telas, antes de hacer la funda.

NECESITARÁ

* UNA ALMOHADA
* UNA PLANCHA
* UNA SÁBANA BLANCA DE HILO O ALGODÓN
* SALVAMANTELES, SERVILLETA, MANTELITO DE BANDEJA O PAÑUELO DE HILO O ALGODÓN CON ADORNOS BORDADOS O DE ENCAJE, para el paño central
* ENCAJE DE ALGODÓN DE BORDE RECTO, 4 cm de ancho
* ENCAJE DE ALGODÓN, 8 cm de ancho
* CINTA MÉTRICA
* HILO DE COSER A JUEGO
* PISATELAS EN ZIGZAG

1 Cortar la funda de la almohada. *Para la parte delantera:* Mida el ancho de la almohada y añada 3 cm (**A**). Mida el largo y añada 3 cm (**B**). Corte un rectángulo en la sábana con las medidas **A** x **B**. *Para la parte trasera:* añada 1,5 cm a **B**, y corte un rectángulo de la sábana con esta nueva medida por **A**. *Para la solapa de la abertura:* Corte un rectángulo de sábana **A** por 20 cm.

2 Calcular el encaje del borde. *Para el borde del paño central en inglete:* mida cada uno de los lados del paño central y añada el doble del ancho del encaje elegido ribeteando cada largo. Finalmente, añada al largo total 3 cm para las costuras. *Para el borde externo:* mida el contorno de la funda de la almohada y añada 32 cm con el fin de que queden 8 cm para fruncir el encaje en cada esquina. Añada 3 cm para las costuras.

☑ *En la imagen aumentada, podemos ver cómo el encaje de borde recto está cosido en zigzag a ambos lados alrededor del paño central y doblado en inglete en la esquina. También puede verse el fruncido del encaje en la esquina.*

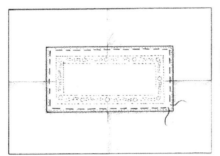

3 Preparar el paño central. Para marcar los puntos centrales, doble en cuatro y presione la parte delantera del frontal de la almohada y el paño central. Con los derechos de la tela boca arriba, coloque el paño sobre el frontal de la funda haciendo coincidir los bordes. Prenda con alfileres e hilvane para fijarlo, y a continuación cosa a máquina cerca del borde del paño.

4 Añadir el borde de encaje interior. Con el derecho de la tela boca arriba, extienda el encaje de borde recto, con un ancho generoso, más allá de la esquina del paño. Con el borde interno de la cinta de encaje cubriendo la línea de puntadas del paño, prenda con alfileres e hilvane los dos bordes de la tira a la tela. Doble el encaje en cada esquina para formar un inglete. Hilvane el pliegue del inglete para fijarlo.

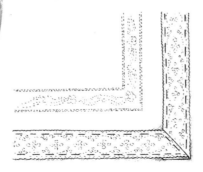

5 Coser el borde. En los extremos cortados, remeta el encaje por debajo de manera que los pliegues queden alineados en diagonal. Recorte el sobrante a 1 cm de los pliegues. Prenda con alfileres e hilvane para fijarlo. Utilizando un pequeño pisatelas en zigzag bien abierto, cosa el inglete y a continuación los dos bordes rectos del encaje, y en diagonal por las esquinas alrededor del paño. Retire los hilvanes.

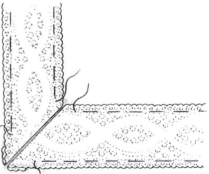

6 Ajustar el borde de encaje exterior. Cosa con una costura francesa los extremos de encaje del borde para formar un bucle. Doble el bucle de encaje por la mitad y nuevamente por la mitad y marque los pliegues con alfileres. Doble por la mitad la funda de la almohada a lo largo y a lo ancho y marque los pliegues. Con la costura del bucle del borde ligeramente descentrada, haga coincidir los pliegues del encaje con los pliegues centrales de la funda. Prenda con alfileres e hilvane el encaje en torno al borde a 2 cm de cada esquina, dejando libre el sobrante de encaje.

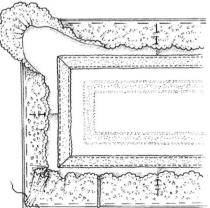

A pesar de su lujosa apariencia, ninguna de las telas utilizadas para confeccionar esta romántica funda de almohada con encaje es antigua, ni su precio es exorbitante, lo que significa que usted puede confeccionar ropa de cama exquisita y de estilo antiguo con un presupuesto realista. Con sus preciosos adornos de encaje, la funda de almohada básica desmiente sus humildes orígenes: se trata simplemente de un económico trozo de algodón grueso que se ha utilizado como protector de almohada debajo de una funda. Su textura es exactamente igual a la del paño central de hilo bordado.

7 Fruncir las esquinas. Pase un hilo de fruncir por el sobrante libre de encaje en cada esquina y tire del mismo. Prenda con alfileres e hilvane alrededor de las esquinas y a continuación cosa a máquina el borde del frontal de la funda de la almohada. Retire el hilván.

8 Montar la funda de la almohada. Cosa la parte delantera a la trasera. Póngalas del derecho y plánchelas.

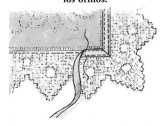

FUNDA DE ALMOHADA PERFUMADA

NECESITARÁ

* 40 cm de TELA DE ALGODÓN FUERTE **para la funda del relleno**
* 40 cm de TELA DE ALGODÓN FINA BLANCA
* 2 m de ENCAJE DE ALGODÓN de 6 cm de ancho
* 1,2 m de CINTA DE RASO de 1 cm de ancho
* LÁPIZ DE COSTURA
* HILOS DE COSER A JUEGO
* CREMALLERA DE 20 cm
* CINTA MÉTRICA
* PEBETE
* RELLENO DE POLIÉSTER

Como toque final, puede complementar una romántica ropa de cama adornada con encaje añadiendo una preciosa almohadilla perfumada. Confeccione la funda de la almohadilla con tejido de hilo o algodón de calidad, como percal, y adórnela con un lujoso encaje de algodón fuerte. En nuestro ejemplo, el centro de la funda es liso pero, si lo prefiere, puede colocar una pieza de hilo bordado tal y como se describe en la funda de almohada de la página anterior, o aña-dir un toque personal con un monograma bordado.

También necesita relleno para la funda. Con respecto a los aromas sedantes, puede llenar la almohadilla con una mezcla de relleno y un pebete o un ramo de hierbas.

La cantidad de tela indicada es para una funda de 34 x 25 cm. Estas medidas pueden adaptarse a almohadillas de distintos tamaños. En las instrucciones se incluyen 1,5 cm para las costuras.

1 Preparar las telas. *Para la parte delantera:* corte un rectángulo de 37 x 28 cm de tela de hilo o de algodón fino. *Para la parte trasera:* corte dos rectángulos de 28 x 20 cm de tela de algodón fino. *Para el borde de encaje interior:* haga coincidir los festones del encaje y corte dos tiras de 27 cm y dos tiras de encaje de 20 cm. *Para el borde del encaje exterior:* haga coincidir los festones del encaje de manera que se unan en cada esquina y corte después dos tiras de 49 cm y dos tiras de encaje de 40 cm. *Para la funda del relleno:* corte dos rectángulos de 36 x 27 cm de la tela de algodón fuerte.

2 Confeccionar el paño central. Doble la funda de la almohadilla en cuatro para hallar el centro. Utilice el lápiz de costura para marcar un rectángulo de 16 x 8 cm en el centro de la parte delantera de la funda.

3 Adornar el paño con encaje. Prenda con alfileres, hilvane y cosa el encaje al ras de la línea marcada, y continúe con el punto 5 de Una funda de almohada como una joya de familia de la página anterior para colocar las esquinas en inglete. Para que el encaje se mantenga plano, cosa otra fila de puntos a 3 cm hacia fuera de la primera fila de puntos. Retire los hilvanes.

4 Añadir el adorno de la cinta. Empezando por una esquina, prenda con alfileres e hilvane con cuidado la cinta sobre el borde del encaje, doblando la cinta en inglete en cada esquina. Cosa a máquina a lo largo de cada uno de los orillos de la cinta. Retire los hilvanes. Haga un lazo con la cinta restante y recorte los extremos de la cinta en ángulo para que no se deshilache. Coloque el lazo sobre la costura de la cinta y cosa a máquina el nudo para fijarlo.

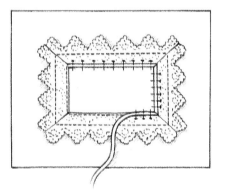

5 Colocar en inglete el borde del encaje. Ponga la parte delantera de la funda boca arriba por el derecho. Con los bordes al ras, prenda con alfileres las tiras de encaje en la tela para ver si ajustan; y las esquinas en diagonal para formar las costuras de los ingletes. Retire el encaje y cosa los ingletes con costura francesa. Vuelva a colocar el encaje sobre la tela y cóselo a máquina.

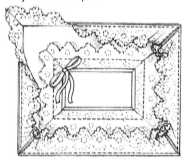

6 Unir la pieza trasera. Ajuste la cremallera en el centro, entre las dos piezas traseras. Abra un poco la cremallera. Prenda con alfileres el encaje en la funda de la almohadilla para no engancharla al coser. Con los derechos juntos y prendiendo con alfileres la fila de puntadas del borde del encaje, hilvane y cosa a máquina la parte trasera a la parte delantera de la almohadilla.

7 Preparar el relleno. Con los derechos juntos y los bordes alineados, prenda con alfileres e hilvane las piezas de la funda del relleno. Cosa a máquina el contorno, dejando una abertura en un lado. Recorte las esquinas y ponga la funda del derecho. Rellene la funda con una mezcla de relleno de poliéster y un pebete. Cosa la abertura para cerrarla. Ajuste el relleno de la funda con cremallera.

◩ *Una fragante almohadilla a juego es el accesorio perfecto para una elegante cama con un romántico encaje de algodón blanco. Perfume la almohadilla con sus aromas favoritos, o una variedad de hierbas sedantes que le garantizarán un sueño relajado.*

DORMITORIOS CON ENCAJES

*Etéreo y ligero, refrescante y frío, el encaje es la opción perfecta para un dormitorio
romántico, ya sea de ganchillo a mano, encaje antiguo o una moderna
versión a máquina: son algunas de las opciones para conseguir este sugerente resultado.*

L os rayos del sol o la luz de luna a través de
unas cortinas de encaje tienen un efecto
mágico, proyectando un dibujo en todo el
dormitorio y creando un entorno de ensueño. En ocasiones, una suave brisa hace on-
dear las cortinas, y el dibujo parece cobrar vida
en una trémula danza.

Desde un punto de vista más práctico, las
cortinas de encaje iluminan un dormitorio en
invierno dejando pasar una débil luz solar,
mientras que en verano se filtra por ellas una
luminosidad discordante, creando un efecto
suave y difuso.

En la cama propiamente dicha, no hay
nada más refrescante que el tradicional hilo
blanco bordeado con volantes de encaje. Y a
través de una colcha de encaje fino, sobre un
edredón o una manta de color liso, se percibe
el colorido de las prendas a las que cubre y se
realza el dibujo del encaje.

Una cortina de encaje con un reborde definido forma una atractiva colcha o un mantel.
Utilice bordes y aplicaciones de encaje para
decorar la pasamanería, como cojines y toallas.

Accesorios como cajas para camisones, per-
chas, fundas para cajas de pañuelos de papel y
saquitos perfumados, son algunos de los objetos a los que puede añadir un borde de encaje.

*Las paredes de color
amarillo ranúnculo ofrecen
el fondo perfecto para el
vaporoso encaje de la
ventana y la ropa de cama
bordada. El tema del encaje
continúa en el borde de
ganchillo de la mesita
situada junto a la cama.*

▶ *La colcha de encaje* antiguo de color crema añade un toque femenino y suaviza las líneas de los muebles de hierro forjado de este sofisticado conjunto. La opción del color crema en lugar del blanco es un complemento perfecto para el delicado color rosa de las paredes y la moqueta.

▶ *El encaje combina bien* con las flores y este dibujo crema con rosas es perfecto para los volantes de encaje natural. Utilice accesorios adornados con encaje, como éstos, para introducir el encaje en un conjunto.

▶ *La ropa de cama de un blanco vivificante*, con encaje de Battenburg, convierte este dormitorio en un lugar fresco y acogedor. La mesita de noche también va revestida con un encaje similar. La moqueta azul es una inspirada opción, ya que realza perfectamente el encaje.

◀ *Los toques de encaje* son un precioso detalle para los accesorios de un dormitorio. Incorpore adornos de ganchillo en las bolsitas de algodón blanco o una cinta de encaje en la funda de una caja de pañuelos de papel.

PAÑOS DE ENCAJE CALADO PARA VENTANAS

Los decorativos paños de encaje calado son ideales como colgaduras de las ventanas,

ya que la luz se filtra a través de los orificios haciendo resaltar el bordado. Elija un diseño que se repita

por toda la labor o un dibujo que se repita en el borde en una cortina lisa.

El calado es una técnica del bordado que se realiza con punto de ojal y se cortan zonas seleccionadas alrededor y entre los dibujos. Puede hacerse a mano o a máquina y, en general, se cose con hilos blancos sobre tela blanca; es posible utilizar un hilo de color ligeramente brillante para destacar el bordado.

Las formas de los diseños pueden ser sencillas o presentar dibujos más elaborados, con grandes zonas de calado unidas con barritas bordadas similares al encaje. Los dibujos deben planificarse ya que las posiciones de las zonas cortadas y las barritas caladas son tan importantes como los contornos bordados.

Simples variaciones del bordado calado son dos paños o tapetes colgados de una barra de madera o de metal, o un estor liso con el extremo de la base bordado.

Dos tapetes calados forman esta original semicobertura para una ventana. Se cuelgan de una barra y se fijan alrededor de ésta con unas cuantas puntadas invisibles formando una jareta.

PAÑO CALADO

Puede decorar el borde inferior de una cortina o un paño de algodón blanco liso con una fila de dibujos calados cosidos con hilo de perlé color pastel. Utilice el punto de zigzag a máquina o borde a mano con punto de ojal y punto de tallo. Las zonas caladas más grandes se mantienen unidas mediante barritas cosidas con punto de ojal.

Puede confeccionar el paño como una cobertura fija para una ventana y coser la parte superior de manera que forme una jareta por la que se introducirá una barra, o como un estor. Para el estor, compre un equipo con la medida exacta o la medida siguiente y corte la barra. Si desea un acabado perfecto, antes de colgar el paño cosido puede rociarlo con almidón en *spray*.

NECESITARÁ

* ✱ BARRA DE CORTINA O VARILLA O EQUIPO DE ESTOR
* ✱ CINTA MÉTRICA DE ACERO
* ✱ TELA DE ALGODÓN BLANCO
* ✱ JABONCILLO Y ESCUADRA
* ✱ MOLETA CORTANTE GIRATORIA Y PAÑO
* ✱ REGLA DE ACERO
* ✱ PAPEL DE CALCO
* ✱ LÁPIZ Y LÁPIZ DE TRANSFERENCIA
* ✱ ALFILERES
* ✱ ALGODÓN DE PERLÉ Nº 8 EN VERDE LAUREL 206 (un ovillo servirá para 12 dibujos completos)
* ✱ AGUJA DE BORDAR
* ✱ TIJERAS PEQUEÑAS CON LA PUNTA AFILADA
* ✱ HILO DE COSER A JUEGO
* ✱ ALMIDÓN (opcional)

Dibujo trazado

Diagrama de puntos

1 Medir. Fije las abrazaderas de la barra o el estor. Mida el ancho del hueco de la ventana. Mida la longitud de la barra o del cilindro y la caída hasta el alféizar. Corte un trozo de tela con esta medida, añadiendo 4 cm a lo ancho para los dobladillos laterales y 17 cm a lo largo. Marque el centro de la tela en un borde corto. Planche la tela.

2 Hacer los dibujos. Corte una tira de 20 cm de ancho de papel de calco con la misma longitud que el paño terminado. Mida y marque una línea 2 cm en sentido ascendente desde el borde inferior a lo largo del papel de calco y marque el centro de esta línea. Trace el dibujo haciendo coincidir el centro del papel de calco con la línea de puntos del dibujo, y alineando la parte inferior de éste con la línea marcada.

3 Ajustar los dibujos del diseño. Siga marcando los dibujos en toda la tira, terminando con un dibujo completo a cada lado, si es posible. En caso contrario, para conseguir un acabado perfecto, marque una línea de punto de ojal que llegue desde el último dibujo completo hasta el dobladillo lateral.

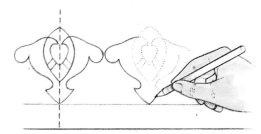

4 Transferirlos. Dé la vuelta al papel de calco y marque las líneas del diseño con el lápiz de transferencia. Siga exactamente las líneas.

5 Marcar la tela. Con el derecho de la tela boca arriba, coloque el trazado en el centro sobre la base del paño, haciendo coincidir el borde del papel con el borde de la tela, y sujételos con alfileres. Planche para transferir los contornos del diseño a la tela. Retire el papel de calco.

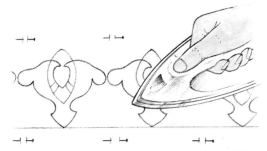

6 Bordar el diseño. Siguiendo el diagrama de puntos y la clave, cosa los contornos del diseño con punto de tallo y punto de ojal. Asegúrese de que los bordes anudados de los puntos de ojal quedan contra los bordes de las zonas que se van a cortar.

7 Cortar la tela. Una vez terminados todos los puntos de ojal y de tallo, corte con cuidado las zonas sombreadas que vemos en el dibujo. Trabaje desde el revés de la tela con unas tijeras pequeñas de punta afilada. Preste atención para no cortar accidentalmente ninguno de los hilos de las puntadas.

▲ El dibujo trazado (parte superior) muestra el contorno del diseño calado y las zonas de corte. El diagrama de puntos (arriba) muestra el contorno principal cosido con punto de ojal y las barritas de unión enrolladas.

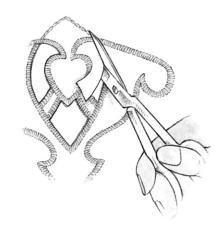

8 **Añadir las barritas enrolladas.** Siguiendo el diagrama de puntos, haga las barritas enrolladas en las posiciones marcadas. Tienda el hilo en la abertura que queda, envuélvalo alrededor procurando que los enrollamientos sean uniformes. Remate colocando el extremo del hilo debajo de los puntos de ojal.

9 **Terminar el diseño del dibujo.** En la base de cada dibujo calado, haga un punto de bifurcación. Saque un punto de **A** en diagonal hacia la derecha hasta **B**. Retuerza el hilo dos veces alrededor de la hebra principal, y después llévelo en diagonal hacia la izquierda hasta **C**. Pase el hilo sobre la hebra principal, bajo la bifurcación derecha, sobre la bifurcación izquierda y bajo la hebra principal, como se indica en el dibujo. Páselo por encima y por debajo de las tres bifurcaciones una vez más para completar el nudo. Enrolle el hilo en torno a la bifurcación principal tantas veces como sea necesario hasta el punto **A**.

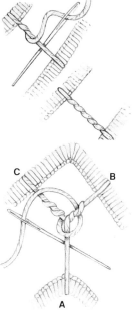

10 **Terminar el estor.** Una vez acabado el bordado, planche la pieza por el revés teniendo cuidado para no aplastar las puntadas. Haga un dobladillo de 2 cm en los laterales y cósalo. Haga una jareta, si es necesario. Almidone la tela, coloque el paño en una barra o una varilla, y cuélguelo.

BIOMBO DE ENCAJE

La mejor manera de apreciar el bordado calado decorativo de un antiguo y delicioso mantel es utilizándolo como biombo. Colocado sobre un bastidor, el bordado queda expuesto produciendo un efecto magnífico. La labor de aguja queda realzada poniendo el biombo delante de una ventana, donde la luz se filtra por el bordado.

Para crear este efecto necesitará tres manteles independientes, o uno grande que cortará en tres partes. Como alternativa, puede adaptar un largo de tela o una sábana blanca y coser una greca calada en el borde superior.

Para cubrir un biombo, mida el ancho y el largo de cada panel y añada unos 25 cm al largo para que quede un sobrante y 8 cm al ancho para hacer dobladillos laterales dobles. Corte los paños según estas medidas siguiendo el hilo.

En cada paño, pliegue los bordes laterales para formar un dobladillo doble de 2 cm; prenda con alfileres y cosa. Dele la vuelta y cosa un dobladillo doble de 2 cm en el borde de la base, siguiendo el mismo procedimiento.

Para colgar los paños, coloque el borde calado de un paño de tela sobre la varilla superior del biombo, con el derecho hacia fuera. Ponga los paños de manera que los dobladillos no toquen la base. Fije la tela con un trozo de cinta de doble cara en la parte superior de la varilla.

Confeccione un accesorio de elegancia clásica con un biombo de paños calados y utilícelo como alternativa a persianas o cortinas.

ENCAJE EN LA VENTAJA

*La luz del sol filtrándose suavemente a través de las intrincadas puntadas
del encaje —que reviste los ventanales— es un espectáculo maravilloso y relajante, y su sutil
elegancia añade encanto y gracia a todo tipo de estilos y combinaciones de color.*

elicado y comedido, de una lujosa esplendidez o con el frescor de lo rústico, el atractivo del encaje es eterno y variado. Su tradición está arraigada en la historia, y una miríada de distintos estilos y diseños se extiende por toda Europa durante siglos. En la actualidad, la moderna tecnología reproduce con precisión el trabajo manual, por lo que la tracería de filigranas del encaje es un lujo al alcance de todos, aunque todavía se buscan los paños de encaje antiguo, y se atesoran como si de una inversión se tratara.

El encaje en una ventana aporta muchas cualidades a una habitación, especialmente la intimidad sin perder la preciada luz. Los rayos del sol a través de los encajes llenan la habitación de sombras moteadas, que adquiere textura y estilo gracias a la belleza que la tela añade. Características de las casas eduardianas y victo-

rianas, las cortinas de encaje son perfectas para crear un ambiente de época. Unas preciosas cortinas de estilo escandinavo con encaje revisten la ventana sin impedir la entrada de la luz. Y para conseguir el efecto de una cabaña rústica, una ligera ondulación de encajes en la ventana implica siempre un toque encantador.

Intente contrastar la exquisita fragilidad del encaje con otras texturas más fuertes como el mármol, la madera blanqueada por el sol o el cuero gastado, para lograr un efecto interesante. Unas grandes bandas de yute natural, o una gruesa cadena de metal, realzan la intrincada delicadeza de la tela; flores en cuencos relucientes de cristal o cerámica son accesorios que favorecen. Utilice el encaje combinando colores fríos, todos blancos o crema; como alternativa, contrástelo con colores vivos que produzcan sensación de opulencia.

El clásico marco de una ventana rústica no está completo sin unas preciosas cortinas de encaje. Aquí vemos unas cortinas de encaje de Nottingham, de color blanco salpicado de rosa, con volantes y guardamalleta. Desde el exterior, forman un curioso contraste con el marco de la ventana pintado de negro.

Un paño antiguo de encaje de guipur color crema acentúa la sensación de una entrañable antigüedad. El encaje, holgadamente plisado, se sujeta lejos del alféizar, una colocación sencilla y segura que combina perfectamente con el marco de madera rayado y los candeleros bruñidos.

Un dibujo romboidal del paño de encaje de la ventana de esta fresca habitación estilo Shaker combina con el diseño del suelo y el enrejado de flores del sofá del cuarto contiguo. Este tipo de combinaciones aporta sensación de tranquilidad y orden, aunque los colores y diseños sean estridentes. El paño simplemente se cuelga de unas clavijas.

Un soleado esplendor nupcial adorna esta ventana, con un lujoso encaje que cae en cascada hasta el suelo desde una sencilla guardamalleta de algodón. El diseño presenta un intrincado dibujo de arabescos y espirales repartidos por toda la tela confiriéndole una rica textura, e incluso los asientos de las sillas están revestidos para la ocasión con cofias con volantes del mismo encaje.

APARADORES CON CORTINAS

Los aparadores con cortinas confieren a una habitación el aspecto de un lugar bien amueblado, donde los objetos quedan guardados conservando el estilo. El efecto puede ser encantador y hogareño, o extremadamente elegante, dependiendo de la tela que elija.

L os aparadores cerrados, estén o no empotrados, pueden ser elementos sin rasgos distintivos. Una solución es cambiar las puertas macizas por puertas acristaladas. Pero si no desea que sus posesiones queden a la vista o expuestas a la luz del sol, las cortinas ofrecen una excelente alternativa.

La selección de la tela es un punto fundamental. El material debe ser ligero; la tela de tapicería es demasiado tupida para poder plisarla y muy voluminosa para que encaje dentro de una puerta. Los estampados pequeños en colores apagados son mejores que los dibujos vivos. Los estampados provenzales, las rayas o los cuadros pequeños, el guingán y la tela de Jouy, son una opción perfecta.

Normalmente se cuelga la tela en la parte inte-

rior de la puerta de manera que forme una pantalla suavemente plisada. En la parte superior e inferior del marco de la puerta, se colocan varillas estrechas o alambre forrado, y se frunce la tela a lo largo de las varillas formando conductos o ramales enjaretados. Como alternativa, la tela colgada puede caer sin pliegues. En cualquier caso, es importante asegurarse de que el material queda fijo en la parte superior e inferior, para que las cortinas cuelguen en perfectas condiciones.

En un aparador, las cortinas pueden sustituir a los cristales, o utilizarse ambas alternativas. También es posible combinar las cortinas con tela metálica —como la que se utiliza en los gallineros— para conseguir un efecto más rústico y campestre.

Los aparadores con cortinas ocultan las estanterías en las que se guardan utensilios propios de la cocina. El alegre estampado de flores combina con el amarillo de las paredes, produciendo un delicioso efecto.

◀ *Para conseguir*
uniformidad, las
cortinas del aparador y
las de la ventana son
iguales. Este tejido a
rayas es similar fruncido
en la ventana que
colgado hasta el suelo
tras los entrepaños de las
puertas abiertas. La
forma geométrica de las
grecas hace resaltar el
efecto.

▶ *Un aparador empotrado* puede resultar llamativo en una habitación en estilo de
época o tradicional; el efecto queda reducido sustituyendo las puertas macizas por tela.
Una sutil tela de Jouy forma un elegante conjunto en una habitación tradicional.

◀ *El simple algodón a cuadros*
monocromos oculta el contenido de un
armario y armoniza con la combinación
gráfica de colores en blanco y negro. El
contenido del armario se mantiene en
perfectas condiciones gracias a la tela
colgada en su interior, que impide la
entrada directa de la luz y sus perniciosos
efectos.

ARMARIOS FORRADOS

Los forros de tela y papel añaden un toque decorativo a alacenas y armarios,
y ofrecen la oportunidad de crear una vitrina, económica pero
elegante, para exponer adornos y recuerdos de una forma muy espontánea.

Aunque en ocasiones las estanterías y cajones se forran por motivos prácticos, es fácil utilizar un material elegante con vistas a conseguir una decoración atractiva. Un papel adecuadamente seleccionado en un aparador o unas estanterías, con el frontal acristalado o al descubierto, puede ser magnífico como fondo para diversos objetos expuestos y como diseño final de una habitación. No excluyamos los armarios cerrados de estos toques decorativos: no sólo será un placer abrirlos, sino que también se puede dejar la puerta entornada para exhibir su estilo interior.

Elija tela, papel pintado o forro de papel: no hará falta mucha cantidad, por lo que puede utilizar un retal de tela o los restos de algún papel pintado utiliza-

do en anteriores decoraciones. En caso contrario, busque alguna ganga, o prepare algo especial por su cuenta, que sería excesivamente caro en otras condiciones, pero no en un proyecto de poca envergadura como éste.

En lugares donde es preciso limpiar, como las estanterías de una cocina, la mejor opción son los papeles pintados lavables o las telas revestidas de PVC. En cualquier caso, elija una tela o un papel pintado resistente. Es mejor un dibujo pequeño que grande. Busque un color y un estampado que combinen con el fondo, pero que armonicen con el conjunto; incluso cabe la posibilidad de adecuar el estampado al entorno, por ejemplo con dibujos de hierbas en la cocina.

Una de las formas más sencillas de armonizar diversos objetos expuestos es utilizar el color como enlace visual. En esta fotografía, el fondo de un aparador forrado con papel pintado a rayas color melocotón y miel, resulta sorprendente para una serie de recipientes en tonos terrosos.

FORROS DE TELA

Elija una tela de peso medio a pesado y de tejido tupido para que no se deforme, con suficiente resistencia para soportar la cola y las grapas. No utilice telas transparentes ni ligeras, ya que su delicadeza se echará a perder contra una superficie maciza y lo más probable es que el adhesivo atraviese y estropee la tela.

En primer lugar, decida qué partes de la alacena o del aparador desea forrar. Es más fácil forrar la parte posterior de un aparador o una alacena si retira antes las estanterías; caso de que no sea posible, tendrá que preparar forros independientes para colocar entre los estantes. Si fuera ne-

cesario, deberá pintar las zonas que queden sin forrar para complementar el forro. Mida las zonas que va a cubrir, procurando que los dibujos casen y se vean bien. Añada 2,5 cm para las vueltas en los bordes de las zonas forradas.

MATERIALES

A efectos de facilitarle el trabajo y conseguir un acabado uniforme, utilice adhesivo en *spray* para pegar la tela; a continuación despegue los bordes y refuércelos con un poco de adhesivo PVA. Trabaje siempre en una habitación bien ventilada cuando utilice adhesivo en *spray*.

▶ *Para realzar el interés de estas estanterías empotradas, sólo se ha forrado con tela la pared del fondo: los estantes pintados de blanco contrastan con el forro de cuadros oscuros.*

NECESITARÁ

* DESTORNILLADOR Y PAPEL ABRASIVO (opcional)
* PINTURA Y PINCEL (opcional)
* TELA
* CINTA MÉTRICA Y TIJERAS
* ADHESIVO EN SPRAY
* ADHESIVO PVA
* PINCEL DE CERDAS DURAS
* PAPEL Y CINTA ADHESIVA
* GRAPADORA PROFESIONAL Y GRAPAS

---

1 **Preparar el aparador (opcional).** Retire las estanterías destornillando los listones o las abrazaderas de apoyo. Lije suavemente los listones y píntelos haciendo juego con la tela del forro, o déjelos para forrarlos de tela.

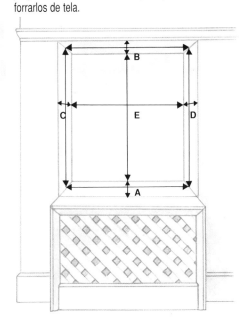

2 **Cortar la tela.** Mida el alto y el ancho de cada una de las zonas que va a forrar: base (**A**), parte superior (**B**), lados (**C** y **D**) y parte posterior (**E**). Tome nota de todas las medidas añadiendo 2,5 cm alrededor para las vueltas. Corte paños de tela de acuerdo con estos tamaños, haciendo coincidir los dibujos. Marque y corte un cuadrado de 2,5 cm de lado en las esquinas de cada paño.

3 **Forrar la base y la parte superior.** Doble 2,5 cm el borde delantero de los paños **A** y **B**. Pulverice generosamente la base de la alacena o el aparador con el adhesivo y coloque la tela en su sitio con el borde doblado en la parte delantera. Alise la tela de manera que los cuadrados cortados encajen en las esquinas y las vueltas queden iguales en el fondo y los laterales. Forre la parte superior.

4 **Fijar los bordes.** Despegue con cuidado los bordes y las vueltas de los lados del forro de la base y la parte superior. Aplique con un pincel un poco de adhesivo PVA en las paredes de la alacena o el aparador y presione firmemente en los bordes para que se adhieran.

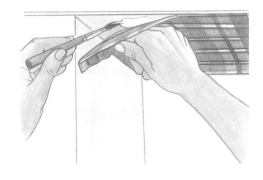

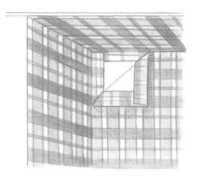

6 **Colocar el paño posterior.** Doble todos los bordes del paño **E** a 2,5 cm, tape los paños laterales y rocíe con adhesivo la pared posterior. Pegue el paño en su sitio, despegue los bordes plegados y refuércelos con adhesivo PVA como antes.

7 **Cortar la tela de las estanterías.** Corte un rectángulo de tela para cada estantería que se ajuste en los cuatro lados, de manera que se superponga en el borde posterior y queden 2,5 cm en los bordes laterales para las vueltas.

8 **Cubrir los estantes.** Haga un pliegue de 2,5 cm para las vueltas en los laterales de los paños de los estantes. En cada uno de ellos utilice grapas para unir un borde del paño de tela con el borde posterior del estante. Coloque la tela alrededor de la estantería y fije el borde que queda de manera que los bordes doblados queden en línea con los bordes del estante y la tela quede tensa pero no estirada.

9 **Colocar los listones y los estantes (opcional).** Si lo desea, forre los listones con tela. En caso necesario, haga un pequeño orificio en la tela donde van encajados los tornillos, y a continuación vuelva a atornillar los listones en su lugar correspondiente. Coloque los estantes de modo que los bordes grapados queden en la parte posterior.

5 **Forrar los lados.** Haga un pliegue a 2,5 cm en los bordes superiores, inferiores y delanteros de los paños **C** y **D**. Oculte los forros superior y de la base con papel y cinta adhesiva. Rocíe con adhesivo la pared lateral y pegue el paño correspondiente en su sitio, de manera que los bordes plegados queden en línea con la parte superior, inferior y delantera de la pared lateral y una vuelta de 2,5 cm se extienda por la pared posterior. Repita el procedimiento en el otro lado y refuerce los bordes con adhesivo PVA como antes.

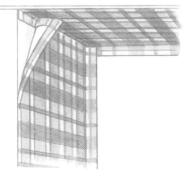

▶ *Una tela con un diseño de libros de cuero es perfecta para forrar una librería.*

FORROS DE PAPEL

Si desea conseguir un acabado perfecto y unos resultados aún más rápidos, una buena alternativa es utilizar papel en lugar de tela para forrar aparadores y estanterías. El papel ideal es el de peso medio con el que sea fácil trabajar, pero que no se rompa al humedecerlo con adhesivo. Son adecuados el papel pintado, el papel fuerte para envolver regalos, los mapas viejos e incluso el papel de embalar, o también puede crear un *collage* con mapas viejos, partituras u hojas de libros.

Si la estantería es de mucho uso y va a ensuciarse, utilice un papel pintado lavable con plástico adhesivo en el revés, o aplique dos o tres capas de barniz de poliuretano mate.

Los procedimientos para forrar con papel y con tela son similares; pero, puesto que el papel no se deshilacha, no es necesario dejar sobrantes en los bordes delanteros del trozo superior e inferior, los bordes superior, inferior y delantero de los trozos laterales y todos los bordes del trozo posterior. Aplique PVA o adhesivo para papel pintado en el revés del papel, y péguelo pasando por encima un cepillo o un paño suave para eliminar las burbujas. Si utiliza papel pintado, espere un mínimo de diez minutos para que absorba la pasta después de aplicarla, lo que facilitará su manejo.

Finalmente, cubra los estantes con el papel o corte trozos lo suficientemente grandes como para recubrir la superficie del mismo, dejando un sobrante para hacer una orla decorativa.

▲ *Un papel de envolver regalos, decorado con una fila de cactus, sirve para adornar un estante. Para impedir que los bordes se abarquillen, móntelo sobre una tira de cartón con adhesivo en spray antes de recortar las formas. Pegue después el cartón y el papel en el borde de la estantería.*

◄ *Los estantes de la despensa, forrados con papel pintado, son una solución práctica para guardar los utensilios de cocina. Para hacer el borde festoneado, deje un sobrante en el borde delantero de cada estante, dibuje semicírculos contiguos con una taza a modo de plantilla. Corte los festones y pegue el forro en el estante, de manera que el borde festoneado cuelgue por la parte delantera.*

FUNDAS DE CONFECCIÓN RÁPIDA PARA SILLAS

Un procedimiento rápido para recubrir una sillas corrientes es confeccionar unas fundas de quita y pon para el respaldo y el asiento; así, las maltratadas sillas de la cocina adquirirán un carácter especial y recibirán un soplo de vida.

Ya se trate de un conjunto de sillas de comedor carentes de interés, una abigarrada serie de sillas de cocina maltratadas, o una única silla discordante del dormitorio, un procedimiento sencillo y relativamente económico para que adquieran una nueva imagen es confeccionar unas fundas de quita y pon. Las fundas se ajustan únicamente en el asiento y/o en el respaldo de la silla, por lo que su confección es más fácil que la de las fundas completas y necesitan menos tela. Es preciso que vayan atadas o abrochadas para poder quitarlas en un mo-

mento si desea lavarlas o cambiarlas por otras.

La tela para su confección debe ser de peso medio para muebles. Imprima su toque personal con ingeniosos detalles. Haga los dobladillos en zigzag, con festones u ondulaciones, o incluso con escudos heráldicos. Añada el garboso toque de una faldilla plisada o fruncida; como variante de las cintas, ate las fundas con delicados bucles y botones forrados, vaporosos lazos, alamares militares o pasadores de madera atravesados por bucles de yute. Si quiere lavar las fundas a máquina, deje que la tela encoja antes de coserla.

Los bordes en zigzag añaden un toque estrafalario a las fundas del respaldo y del asiento que recubren esta vieja silla de comedor. Diseñar sus propias fundas es un procedimiento magnífico para ejercitar su talento creativo e imprimir un sello personal a una habitación.

PATRONES DE LAS FUNDAS

En estas instrucciones se explica la manera de confeccionar fundas combinadas para el asiento y el respaldo de una silla. La funda del respaldo lleva un escudete para fijarla bien y se ata con cintas o, si lo prefiere, puede hacer tiras de la misma tela. La parte superior de la funda del asiento está acolchada para que resulte más blanda y lleva una faldilla festoneada; se sujeta con cintas velcro y lleva decorativos botones forrados con la misma tela. Ambas fundas llevan un ribete para perfilar el borde. Deje 1,5 cm para las costuras.

▶ *Una funda atada con cintas para el respaldo y otra con faldilla festoneada para el asiento, ambas de tela a cuadros, imprimen un estilo escandinavo a una silla de comedor.*

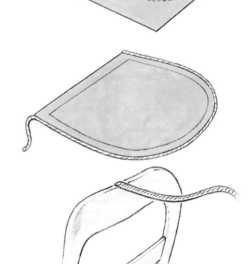

1 Confeccionar el patrón principal del respaldo. Coloque la silla sobre el respaldo y ponga encima de éste una hoja de papel. Perfile con el lápiz los lados y la parte superior del respaldo. Marque una línea recta en la parte inferior del patrón donde desee que termine la funda. Corte con cuidado el patrón, añadiendo 1,5 cm para las costuras en los bordes laterales y 2,5 cm para el dobladillo hasta el borde de la base. Compruebe que encaja perfectamente en la silla.

2 Medir el escudete del respaldo. Para hallar la longitud del escudete, utilice un trozo de cuerda para medir desde el borde de la base del patrón del respaldo principal, en sentido ascendente, rodeando los lados y volviendo a la base, incluyendo el sobrante para el dobladillo. En cuanto a la anchura del escudete, mida el grosor del respaldo en el punto más ancho. Añada 3 cm a ambas medidas.

3 Confeccionar el patrón del asiento. Extienda un trozo de papel de periódico o de embalaje sobre el asiento de la silla y marque con un lápiz el contorno del asiento. Recorte el papel con unas tijeras por las zonas donde las patas se unen al respaldo, y haga una marca alrededor de éstas. Añada 1,5 cm alrededor para las costuras y corte el patrón. Compruebe que ajusta exactamente.

4 Confeccionar el patrón de la faldilla delantera. Tome la medida desde una esquina del respaldo del asiento, bordeando la parte delantera, hasta la otra esquina del respaldo. Añada 10 cm para las dos superposiciones del respaldo. Corte el papel con este largo por 15 cm de ancho. Haga una plantilla del festón en cartón y utilícelo para conformar un borde largo del patrón, con un festón completo a cada lado de las esquinas.

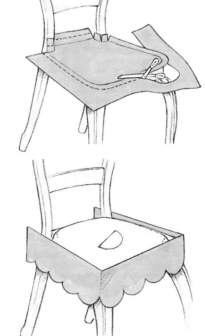

5 Confeccionar el patrón de la faldilla trasera. Mida el borde posterior de la silla y añada 3 cm para las costuras. Corte un trozo de papel con este largo por 15 cm de ancho. Utilice la plantilla del festón para conformar un borde largo del patrón, haciendo coincidir con toda exactitud las posiciones del festón con las de la parte delantera de la faldilla.

6 Cortar.
Tela para muebles.
Corte dos piezas para el respaldo, una para el escudete, dos para la faldilla delantera y dos para la trasera.
Relleno y percal. Corte un patrón del asiento.

CONFECCIONAR LAS FUNDAS

1 **Recortar el escudete.** Haga un ribete para adornar los dos bordes largos del escudete y todos los bordes del asiento. Corte 12 largos de cinta. Haciendo coincidir los bordes, prenda con alfileres un par de tiras de 2,5 cm en los extremos del escudete por el derecho. Prenda con alfileres otros dos pares a intervalos de 5 cm a partir del primer par en cada extremo. Con los derechos de frente y haciendo coincidir los bordes, cosa el ribete en el borde del escudete, enganchando las tiras.

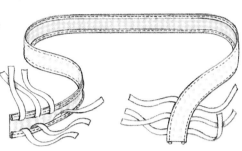

2 **Confeccionar la funda del asiento.** Doble el escudete por la mitad para hallar el centro y márquelo con un alfiler. Repita el procedimiento en la parte superior central de las piezas del asiento. Con los derechos juntos y coincidiendo las marcas centrales, prenda con alfileres y cosa el escudete en los lados y en la parte superior de la primera pieza y, después, la pieza principal del respaldo, dándole forma en las curvas o las esquinas.

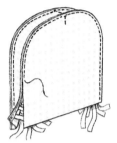

3 **Rematar la funda del asiento.** Ajuste los bordes y recórtelos. Pliegue y cosa un doble dobladillo de 12 mm por todo el borde de la base de la funda. Ponga la funda del derecho y colóquela en la silla. Ate las cintas frunciéndolas.

4 **Hacer el ribete.** Con el derecho arriba, extienda el asiento de la tela principal sobre el del relleno; prenda con alfileres e hilvane. Con los derechos juntos y haciendo coincidir los bordes, cosa el ribete por el borde de la tela principal, recortándolo en las esquinas y uniendo los extremos en el borde posterior.

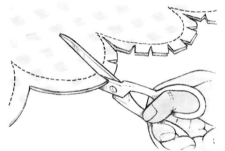

5 **Coser los bordes festoneados.** Extienda los dos trozos de la faldilla delantera con los derechos juntos. Prenda con alfileres y cosa los bordes cortos y el borde festoneado, siguiendo las curvas y haciendo girar la tela en la aguja en determinados puntos. Recorte los sobrantes de las costuras en dichos puntos y a intervalos en las curvas. Coloque el derecho de la faldilla hacia fuera y plánchelo. Repita el procedimiento en los trozos de faldilla traseros.

6 **Coser la faldilla.** Doble las faldillas por la mitad a lo ancho para encontrar los puntos centrales y márquelos con un alfiler. Repítalo para marcar el centro delantero y posterior del asiento ribeteado. Con los derechos juntos y haciendo coincidir las marcas, prenda con alfileres la faldilla delantera al asiento hasta los cortes de la esquina posterior. Cosa la faldilla. Corte con las tijeras el sobrante para las costuras después de coser, dé la vuelta a los restantes bordes y cosa con puntadas largas. Repita el procedimiento para coser la faldilla posterior.

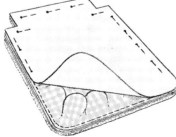

7 **Forrar la funda.** Doble la faldilla para que quede sobre el derecho del asiento; fíjela con alfileres. Con los derechos y los bordes juntos, ponga encima el asiento de percal y cósalo, dejando una abertura en la parte posterior. Póngala del derecho y presione. Cosa la abertura.

8 **Añadir los cierres.** Forre los botones siguiendo con detenimiento las instrucciones del fabricante. Cosa tres botones en una fila vertical hasta los dos bordes exteriores de la faldilla del respaldo, por el lado del derecho. Cosa un trozo de cinta velcro en el revés debajo de cada botón, y los restantes trozos en el derecho de las superposiciones de la faldilla delantera. Ponga la funda sobre el asiento y haga presión en los cierres.

FUNDAS CON FALDILLA FRUNCIDA

Suavice las líneas de unas sillas de comedor confeccionando unas fundas de quita y pon con faldillas fruncidas. La funda deberá mantenerse en su sitio con el peso de la faldilla, pero si cree que se va a desplazar, fíjela a las patas posteriores con tiras de tela o cinta.

Necesitará aproximadamente 1 m. de tela de muebles para cada funda o, si utiliza tela de contraste para la faldilla, como vemos aquí, necesitará unos 50 cm para el asiento y 60 cm para la faldilla, y un poco más si va a hacer un ribete.

Estas fundas con volantes están confeccionadas con dos telas a juego: una elegante tela de Jouy púrpura y marfil en el asiento y un algodón liso color crema en la faldilla. Para que la funda ajuste perfectamente en una silla con brazos, deberá colocarla en torno a éstos y a las patas traseras.

1 **Cortar el asiento.** Haga un patrón del asiento siguiendo las instrucciones indicadas en *Patrones de las Fundas,* paso 3. Corte un asiento de la tela principal, uno de relleno y uno de percal.

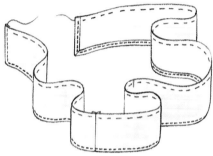

2 **Cortar la faldilla.** Para la faldilla delantera, mida el contorno del asiento desde una esquina posterior a la otra, y duplique la medida. Corte y una las suficientes tiras de 20 cm como para formar una pieza de esta longitud. Para la faldilla trasera, mida el contorno de la parte posterior del asiento, entre las patas, y duplique entonces la medida. Corte después una tira de tela de 20 cm de ancho con este largo.

3 **Ribetear y fruncir.** Acolche y ribetee el asiento de acuerdo con el capítulo *Confeccionar las Fundas,* paso 4. En los bordes inferior y lateral de las faldillas, marque y cosa un doble dobladillo de 1 cm Marque el borde superior central de las dos piezas de la faldilla, y pase un hilo de fruncir por los bordes superiores. Marque la parte delantera y trasera central del asiento.

4 **Montar la funda.** Con los derechos juntos, prenda con alfileres la faldilla delantera al asiento en el centro de la parte delantera y en las esquinas de la parte trasera, haga los frunces y ajústelos. Cosa la faldilla. Repita el procedimiento en la faldilla posterior. Forre la funda con percal igual que en *Confeccionar las Fundas,* paso 7.

FORRAR ASIENTOS

El aspecto de unas sillas de comedor y auxiliares gastadas o estropeadas es notablemente distinto cuando se cambia el forro de los asientos; sólo se trata de una sencilla tarea de tapizado que imprime un aire nuevo a su antiguo mobiliario.

Como su nombre indica, los asientos acolchados entran y salen fácilmente del armazón, por lo que forrarlos de nuevo es la labor de tapizado que menos trabajo requiere. Su forma sencilla, normalmente cuadrada —aunque algunos tienen las esquinas redondeadas para adaptar las patas— es otro factor a su favor, pues se requiere poca tela para lavarles la cara, sólo unos 80 cm para cada asiento.

Para las nuevas fundas, elija una tela fuerte, resistente al desgaste, de peso medio a pesado. El efecto adamascado o de punto es ideal para las habitaciones tradicionales, mientras que las rayas o los cuadros modernos van bien en cuartos más deportivos. Reserve las telas lujosas para sillas auxiliares o de dormitorio puesto que sufren menos desgaste. Aplique siempre una capa de guata bajo la tela para igualar cualquier posible desperfecto del relleno del cojín. También es buena idea rociar el asiento acabado con un protector de telas.

Si le apetece cambiar los asientos de las sillas, aunque no estén suficientemente desgastados o estropeados, considere la opción de fundas de quita y pon sujetas con unas cintas que vayan atadas en la parte inferior.

Con una capa de pintura blanca y un asiento embutido recién tapizado con una tela a cuadros, esta silla presenta un magnífico aspecto y combina con la decoración de estilo rústico.

FORRAR UN ASIENTO ACOLCHADO

El asiento acolchado tradicional se compone de varias capas de tela y relleno, lo que le confiere firmeza pero comodidad; generalmente lleva cinchas de un lado a otro del armazón, cubiertas con capas de arpillera, material de relleno fibroso, percal, guata y, finalmente, la funda de tela. Los *asientos acolchados más modernos* normalmente se acolchan simplemente con espuma sobre una tabla, que se recubren posteriormente de guata, y la tela.

Para retirar la tapicería antigua —un proceso conocido como «desmontaje»— puede comprar un formón de carpintero (para extraer las tachuelas) o un quitagrapas; pero para un proyecto relativamente sencillo como forrar un asiento, le bastará con un destornillador. Al sacar las tachuelas, utilice estas herramientas además de un mazo de madera. Al retirar la funda vieja,

desmonte sólo la entretela inferior (que a veces se añade en asientos tradicionales para conseguir un buen acabado), si la lleva incorporada, la funda de tela superior y el relleno.

Si considera que el cojín inferior está en malas condiciones, llévelo a un tapicero para que lo recomponga o emprenda usted mismo la tarea con ayuda de una guía de tapicería. Si se trata de un asiento moderno de espuma, llévelo a un proveedor de espuma que cortará una pieza nueva para usted.

Explicamos a continuación las instrucciones para recubrir un cojín utilizando tachuelas y un martillo; puede emplear una grapadora de usos varios, pero con ella no tendrá tanta libertad para hacer ajustes mientras trabaja. Una buena idea es limpiar y pulir el armazón de madera antes de colocar el asiento.

QUITAR LA FUNDA VIEJA

1 **Retirar las tachuelas y las grapas.** Saque el asiento del armazón desde abajo. Trabajando en la dirección de la veta de la madera para que no se astille, retire las tachuelas o las grapas de la manera siguiente: *Con un formón de carpintero* (para las tachuelas). Coloque el formón bajo la cabeza de la tachuela; dé un golpe seco con el mazo empujando hacia arriba la tachuela, como vemos aquí. *Con un quitagrapas:* Coloque la cabeza del quitagrapas bajo la grapa; sáquela suavemente haciendo palanca en el armazón o la base del asiento. *Con un destornillador:* Coloque la punta del destornillador bajo la cabeza de la tachuela; golpee suavemente con el mazo, sacando la tachuela de la madera. También puede utilizar un destornillador para sacar las grapas haciendo palanca.

2 **Cuando las tachuelas se resisten.** Si las tachuelas o las grapas están muy encajadas en el armazón, corte la tela alrededor de éstas dejando espacio para el formón, el quitagrapas o el destornillador. Utilice los alicates para sacar las tachuelas sin cabeza.

3 **Limpiar el cojín.** Cuando haya sacado todas las tachuelas o las grapas que sujetaban la entretela inferior (si la lleva incorporada), la funda de tela superior y el relleno, extráigalas. Inspeccione el cojín y cepíllelo para eliminar el polvo.

COLOCAR LA FUNDA NUEVA

1 **Cortar el relleno.** Mida el cojín del asiento de delante hacia atrás y de lado a lado, desde el borde de la base en un lado, sobre la parte superior e inferior hasta el borde de la base del lado contrario. Corte un trozo de relleno según este tamaño más 1,5 cm alrededor, y extiéndalo centrándolo sobre el cojín. Mida y marque con cuidado el centro de cada lado del asiento embutido, por el revés.

2 **Incorporar la tela.** Corte un trozo de tela según las medidas tomadas más 5 cm alrededor, centrando los dibujos y con el hilo en sentido longitudinal del cojín del asiento de delante hacia atrás. Doble la tela por la mitad en ambas direcciones para hallar el centro de cada borde y pellizque los bordes para marcarlos. Extienda la tela con el derecho sobre el relleno, alineando los puntos centrales marcados en el asiento y la tela.

3 **Colocar tachuelas provisionales.** Dé la vuelta al cojín y tire de la tela hacia atrás de manera que quede tensa pero sin estirarla. Clave una tachuela en el centro de cada borde del armazón. Empezando en el borde delantero y partiendo de la tachuela central, clave provisionalmente la tela, dejando una separación de unos 4 cm entre las tachuelas. Repita el procedimiento en el borde trasero. Compruebe que la tela está recta y repita el procedimiento en los bordes laterales, dejando libres las esquinas.

4 **Clavar las tachuelas.** Dé la vuelta al cojín y compruebe que la tela esté totalmente recta y tensa en el asiento. Ajústela si fuera necesario, y clave bien a fondo las tachuelas, dejando las cabezas bien hundidas, pero sin que lleguen a cortar la tela.

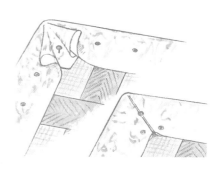

5 **Clavar las esquinas.** En cada una de las esquinas, abra bien la tela, tire de la parte inferior y fíjela con una tachuela provisional. Pliegue después la tela por los lados, formando un inglete, y clave. Retire la tachuela provisional o clávela. Recorte la tela sobrante. Procure adaptar las esquinas a la forma de las patas de la silla siguiendo el mismo procedimiento, doblando la tela y plegando el sobrante a cada lado.

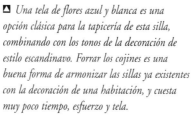

6 **Arreglo final (opcional).** Coloque el cojín boca arriba sobre la entretela y tire con cuidado de ella. Corte, añadiendo 2 cm alrededor. Doble 2,5 cm alrededor y clávela con tachuelas a la base del cojín para tapar los bordes y poder protegerlo del polvo. Si lo desea, rocíe el asiento con un protector de telas.

◤ *Una tela de flores azul y blanca es una opción clásica para la tapicería de esta silla, combinando con los tonos de la decoración de estilo escandinavo. Forrar los cojines es una buena forma de armonizar las sillas ya existentes con la decoración de una habitación, y cuesta muy poco tiempo, esfuerzo y tela.*

◢ *Un asiento forrado con una sencilla tela de dos colores a cuadros es una buena y elegante opción. Preste atención para que los cuadros queden lo más rectos posible.*

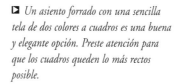

FUNDAS SENCILLAS

En honor a una cena especial, o simplemente porque le apetezca un cambio, puede confeccionar fundas de quita y pon para los asientos de las sillas, sujetándolas por debajo con una cinta. Puesto que son provisionales, dese el gusto de confeccionarlas con telas más exóticas; incluso puede forrar cada silla con un tejido, con colores vivos y dibujos mezclados. Como va a añadir una capa de tela en un cojín que ya está forrado, las telas no deben ser muy tupidas ya que puede tener problemas a la hora de ajustar el respaldo en el armazón de la silla.

1 Cortar la funda. Saque el cojín del armazón de la silla por debajo. Extienda bien la tela, con el lado del revés boca arriba y coloque el cojín encima de él. Dibuje el contorno externo del cojín con un lápiz de costura. Corte con cuidado añadiendo 10 cm por todo alrededor.

☑ *Las fundas provisionales para cojines de asientos le ofrecen libertad a la hora de utilizar telas lujosas y originales, como esta seda púrpura con estrellas, el jarrón de influencia griega o el tartán de seda castaño y púrpura.*

2 Formar una cubierta. Doble 1 cm y a continuación 2 cm por el contorno de la tela de la funda por el revés. Para formar los ingletes, desdoble el dobladillo mayor, forme un triángulo, una las dos puntas exteriores para marcar el centro y doble de nuevo el dobladillo mayor. Cosa el dobladillo cerca del borde interno, dejando una abertura de 5 cm en el centro de la parte posterior.

CONSEJO

PATRÓN CON EL QUE AHORRARÁ TIEMPO

Si va a confeccionar fundas para varias sillas, utilice el trozo de tela que ha cortado en el paso 1 como patrón para las restantes sillas.

3 Ensartar el cordón. Ensarte en el pasacintas o en el imperdible grande un cordón o una cinta con longitud suficiente para todo el contorno más 20 cm, dejando los dos extremos sueltos en el centro.

4 Encajar la funda. Extienda la funda en el centro del cojín. Tire bien de los extremos del cordón o de la cinta para fruncir toda la funda en torno al asiento. Ate firmemente los extremos del cordón o de la cinta con una lazada. Por último, coloque el cojín forrado en el armazón de la silla.

COJINES RIBETEADOS

*Una forma fantástica de convertir la cocina en un lugar más agradable
y esas duras sillas en accesorios más cómodos es equiparlas con unos cojines
revestidos de una tela alegre y de vivos colores, porque este espacio no sólo debe ser funcional.*

E ste tipo de cojines se colocan sobre un asiento duro, como una silla o un banco de cocina, principalmente para que estos resulten más cómodos pero, cuando el estampado es audaz y la tela alegre, y combinan con el resto de los colores, pueden servir también como elemento decorativo.

Estos cojines no se mueven en la silla ni llegan a resbalarse porque van sujetos con cintas a las patas traseras.

El estilo de cojín fino y ribeteado aquí descrito, desprovisto de cremallera y de escudete, es el más fácil de confeccionar.

Los cojines mullidos y blandos totalmente combinados de la fotografía se sujetan a las sillas con cintas largas.

Confeccionar el Cojín

Puesto que los cojines son objetos expuestos a un gran desgaste, elija una tela fuerte, fácilmente lavable para la fundas, de forma que siempre pueda mantenerlos limpios. El relleno propiamente dicho se corta fácilmente de una lámina de espuma.

Si la tela del ribete va a ser lisa y a juego, los cojines serán de diseño. Haga pruebas con el largo y el ancho de las cintas, y la forma de atarlas, creando efectos de todo tipo.

Necesitará

* PAPEL DE PERIÓDICO
* LÁPIZ
* TIJERAS PARA PAPEL
* CINTA MÉTRICA
* TELA para fundas y cintas, consulte los pasos 2 y 5
* TELA DE CONTRASTE para el ribete
* ALAMAR
* HILO DE COSER, ALFILERES
* LÁMINA DE ESPUMA de 4 cm de grosor
* ROTULADOR
* TIJERAS DE COSTURA o CUCHILLO PROFESIONAL

1 Confeccionar un patrón. Para confeccionar un patrón de papel, coloque una hoja grande de papel de periódico sobre el asiento y marque el contorno con un lápiz.

▷ *Las cintas anchas son un atractivo accesorio para atar un cojín en las patas, con grandes lazos y colas, como vemos aquí.*

2 Marcar las cintas. Doble el patrón por la mitad a lo largo y córtelo por la línea marcada. Colóquelo de nuevo sobre el asiento para comprobar que ajusta y marque la posición de las cintas (**A**) a cada lado de las patas traseras. Utilice el patrón para calcular cuánta tela y espuma va a necesitar para la funda y las cintas.

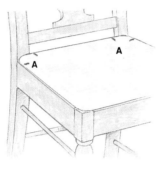

6 Unir las cintas. Pliegue los extremos de las cintas a un tercio de su anchura. Prenda con alfileres el ribete contra los alfileres de cada esquina trasera. Cosa a máquina a 1 cm del borde.

3 Cortar. Prenda bien con alfileres el patrón por el revés de la tela, procurando que las rayas o los dibujos queden correctamente colocados o centrando el dibujo principal. Corte dos trozos de funda, añadiendo 1,5 cm alrededor para las costuras. Prenda un alfiler en cada marca del borde de la tela para indicar la posición de las cintas.

4 Añadir el ribete. Confeccione un ribete lo bastante largo para rodear toda la funda, añadiendo 2 cm para la unión. Empezando en el centro del borde trasero, prenda e hilvane el ribete en torno al trozo de funda superior por el derecho de la tela, haciendo coincidir los bordes. Corte con las tijeras el sobrante de la costura del ribete en las curvas. Una los extremos del ribete en el centro del borde trasero.

7 Confeccionar la funda. Extienda el trozo posterior de la funda sobre el superior, con los derechos de la tela juntos. Una, hilvane y cosa por los dos laterales y la parte delantera, dejando una abertura en la parte posterior. Recorte el sobrante, corte las esquinas y ponga la funda del derecho.

8 Cortar el relleno de espuma. Coloque el patrón sobre un trozo de espuma de 4 cm de espesor y marque el contorno con un rotulador. Con unas tijeras afiladas o un cuchillo profesional, corte por la línea.

5 Confeccionar las cintas. Corte una tira de 74 x 22 cm para cada cinta. Dóblela por la mitad a lo largo con los derechos de la tela juntos y corte por un borde corto a 54º para plegarlo. Cosa el lateral y el extremo a 1 cm del borde y dele la vuelta. Saque las esquinas y alíselas.

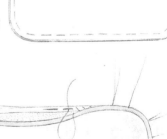

9 Rematar. Introduzca la espuma en la funda por la abertura de la parte posterior. Doble el borde de la abertura y ciérrela con puntadas largas o cosiendo tiras de velcro, y haga presión.

MANTEL AJUSTADO

Elegante y sencillo, un mantel ajustado es una adecuada alternativa
a un mantel corriente. Además, resulta confortable con una curiosa faldilla alrededor.
Si además lo combina con el resto de los accesorios, el efecto decorativo le sorprenderá.

Defina las delicadas líneas de una mesa redonda u ovalada con un elegante mantel ajustado. Confeccionado con una faldilla con dos telas complementarias, y ribeteado con un curioso reborde, éste es un magnífico mantel que puede servir de elemento permanente en una habitación y confeccionarse a juego con el resto de la pasamanería. Es la forma ideal de proteger una mesa valiosa y, por otra parte, si está muy desgastada, es el mejor sistema para disimularlo.

Si desea conseguir unos resultados óptimos, para la parte central del mantel utilice una tela de peso medio que sea lo bastante fuerte para que éste no se deforme. Una buena combinación es un dibujo por toda la tela del paño que rodea al dobladillo, ya sean cuadros o rayas, especialmente si está cortada al bies, como vemos aquí; resulta bastante económico si además va a confeccionar un ribete forrado a juego. Como alternativa, si desea utilizar un diseño convencional, el paño puede cortarse al hilo.

No olvide comprobar detenidamente cuál es el ancho de la tela antes de comprarla: tanto mejor cuanto más ancha sea si es que no quiere hacer costuras en la parte superior. Estas instrucciones pueden adaptarse a un mantel cuadrado o de menor tamaño.

¿Qué tal resulta una mesa bien puesta para una merienda? Un mantel con faldilla y ajustado, en colores gris y blanco, es una opción elegante y original.

CONFECCIONAR EL MANTEL

* TELA LISA
  PARA MUEBLES
* TELA ESTAMPADA
  PARA MUEBLES
* CINTA MÉTRICA
* TIJERAS
* HILOS A JUEGO
* CHINCHETA
  DE DIBUJO
* PAPEL DE PATRÓN
* ALAMAR

Presentamos a continuación las instrucciones para la confección de un mantel para una mesa redonda, con una greca cortada al bies. El cálculo de la cantidad de tela que requiere se hace midiendo el diámetro de la mesa. Necesitará esta cantidad de tela lisa y algo más para la faldilla de 15 cm que rodea el borde de la mesa; ponga tela adicional si va a unir los anchos de la pieza superior. Necesita suficiente tela estampada para una banda de 15 cm cortada al bies y un ribete que se ajuste al contorno de la mesa.

1 Medir. Mida el diámetro de la mesa (**A**) y la circunferencia (**B**). Añada 3 cm a la medida **A** para obtener la medida **C**. Si esta medida es mayor que el ancho de la tela lisa, deberá unir los anchos de la tela para crear la pieza superior del mantel. Si la tela tiene suficiente ancho, corte un cuadrado que mida **C** x **C** y pase al paso 3.

2 Unir los anchos. Corte un largo de la tela lisa que mida **C** por el ancho de la tela. Reste el ancho de la tela de **C** y divida entre dos. Añada después 3 cm para obtener la medida **D**. Corte dos rectángulos de tela lisa a **C** por **D**. Con los derechos de la tela juntos, cosa un rectángulo en cada borde largo del paño central más largo. Abra bien las costuras haciendo presión.

3 Confeccionar un patrón. Doble el cuadrado de tela en cuatro, haciendo coincidir los bordes externos y las costuras. Corte un cuadrado del papel del patrón a este tamaño. Ate un cordel al extremo de un lápiz y utilice la chincheta para fijar el otro extremo a la esquina del papel del patrón, de manera que la longitud de la cuerda tensa sea exactamente la mitad de la medida **C**. Manteniendo el lápiz en posición vertical, trace un cuarto de círculo en el papel del patrón.

4 Cortar la pieza superior. Prenda con alfileres el papel del patrón a la tela doblada, haciendo coincidir la esquina en ángulo recto con el pliegue central de la tela. Si la tela es firme, corte alrededor del papel del patrón por todas las capas; si es muy gruesa o escurridiza, corte cada capa por separado. Abra el círculo de tela y alíselo.

5 Cortar las bandas de la faldilla. De la tela lisa: corte a lo ancho tiras de 15 cm de anchura para formar una banda que mida B más 3 cm. De la tela estampada: corte al bies tiras de 15 cm de anchura para formar una banda que mida B más 3 cm. Corte además suficientes tiras al bies para forrar el alamar con una longitud de B más 2 cm. Haga el ribete.

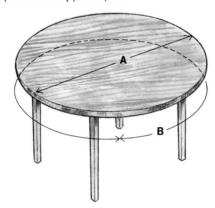

6 Coser la faldilla. En los dos bordes largos de la tira estampada, doble 5 mm. hacia el revés de la tela. Doble la tira por la mitad y prenda con alfileres los bordes plegados sobre el borde largo de la tira de tela lisa. Cosa todas las capas junto al pliegue. Con los derechos juntos, hilvane los extremos cortos a las tiras unidas para formar un círculo. Compruebe que ajusta alrededor de la mesa y cosa.

7 Montar el mantel. Con los derechos de la tela juntos, prenda con alfileres e hilvane el alamar en torno al borde de la pieza redonda superior, haciendo que coincidan los bordes. Una los extremos del alamar. Con los derechos de la tela juntos, hilvane el borde de la faldilla al borde del círculo, recortando el sobrante de la costura para igualarlo. Cosa. Haga presión en las costuras hacia la faldilla y alise los bordes.

Puede adaptar las instrucciones aquí indicadas para confeccionar un delicioso mantel estampado con flores como éste, con faldilla festoneada.

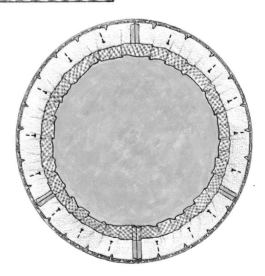

MANTELERÍA BORDADA

Borde delicadas hojas de hiedra entrelazadas en un mantel y en sus servilletas
para tener una mantelería original y elegante. Utilice una mantelería ya
confeccionada o hágala usted mismo teniendo siempre en cuenta la decoración de la habitación.

B ordar unas hojas de hiedra trepadora combinando punto de cadeneta y punto de tallo es una labor tremendamente sencilla. Puede utilizarlas para decorar una mantelería con un diseño versátil y sencillo. Las hojas, de las que sólo se cose el contorno, pueden bordarse en cualquier color, por lo que es posible elegir uno que haga juego con la vajilla.

Una opción tradicional para el mantel es el hilo blanco o crema, pero no hay razón para no emplear un color más oscuro: utilice algodón de bordar más pálido. Por ejemplo, para una ocasión especial, pruebe a bordar un mantel rojo o verde con hojas plateadas o doradas.

Puede realizar la labor en un mantel que ya tenga en casa, comprarlo o prepararlo con una tela de hilo, algodón o mezcla. El diseño sirve para un mantel cuadrado o rectangular de cualquier medida. En un mantel grande puede bordar el diseño en todas las esquinas; en uno pequeño, es posible hacerlo sólo en una.

En un mantel redondo, es muy sencillo adaptar el diseño de manera que llegue a formar una especie de guirnalda alrededor. Asimismo, puede ampliar o reducir el diseño en una fotocopiadora para utilizar los dibujos de hiedra en otras prendas, como la ropa de cama.

Un sencillo diseño de hojas de hiedra, bordado en tonos verdes naturales, lleva poco tiempo y añade un toque personal a una elegante mantelería de hilo.

87

CONFECCIONAR EL MANTEL

Las instrucciones indicadas a continuación son para un mantel y unas servilletas de confección propia pero, si lo prefiere, puede hacer la labor en una mantelería ya confeccionada, siempre que la tela sea lisa y fuerte, de algodón o hilo puro, o de mezcla. Si va a ser de confección propia, mida el tamaño del mantel y córtelo, añadiendo 4 cm alrededor para el dobladillo.

Para obtener los mejores resultados al confeccionar un bordado, mantenga tensa la tela montándola en un bastidor, procurando no dejarla mucho tiempo allí colocada, ya que puede marcarse o deformarse. Para saber cuál va a ser el tamaño más adecuado de las puntadas, practique primero en un trozo de tela inservible. Las instrucciones sobre el punto de cadeneta o de tallo pueden verse en la página 93.

NECESITARÁ

* TELA LISA PARA confeccionar el mantel o MANTEL Y SERVILLETAS ya confeccionados.
* LÁPIZ 2H, REGLA Y ESCUADRA
* PAPEL DE CALCO
* PAPEL CARBÓN DE COSTURA
* HILO A JUEGO
* ALGODÓN DE BORDAR TRENZADO, en los colores indicados en la clave, o similares
* AGUJA DE ESTAMBRE tamaño 7
* BASTIDOR

1 Trazar el diseño. Utilice un lápiz afilado para trazar el diseño de hiedra de la página siguiente en el papel de calco. Extienda la tela con el derecho boca arriba y coloque el papel carbón en una esquina, con el lado brillante boca abajo. Coloque la escuadra en la parte superior, de manera que el diseño quede a 9 cm de los bordes (o a 5 cm si ya está hecho el dobladillo). Fíjelo con cinta adhesiva o con alfileres por los laterales.

2 Transferir el diseño. Utilice un lápiz afilado para marcar ligeramente las líneas del dibujo. Retire la escuadra y el papel carbón. Siguiendo el mismo procedimiento, transfiera el diseño a las otras tres esquinas del mantel.

3 Montar la tela en un bastidor. Primeramente, coloque la tela en el bastidor. En caso de que no cupiera por completo todo el dibujo, ajuste sólo una parte y vaya desplazando la tela hasta completar cada sección.

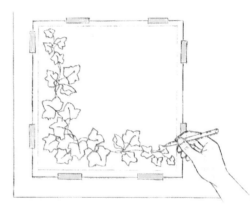

4 Bordar el mantel. Siga la clave de los colores y enhebre la aguja con dos hebras de algodón de bordar. Prestando atención para que las puntadas sean todas iguales y siguiendo las líneas del diseño, borde las hojas en punto de cadeneta, y los tallos y las nervaduras de las hojas en punto de tallo. Desplace el bastidor para hacer cada esquina del mantel siguiendo el mismo procedimiento.

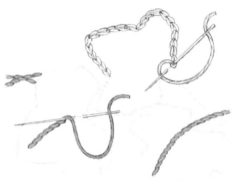

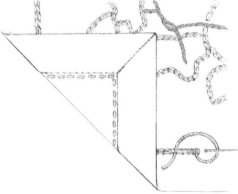

CONSEJO

PROTEGER LAS PUNTADAS

Una vez terminada cada sección, retire el bastidor y coloque servilleta de papel hilvanada sobre las puntadas bordadas para protegerlas.

5 Planchar el mantel. Una vez acabado el bordado, retírelo del bastidor y coloque el mantel boca abajo sobre una toalla limpia. Con una plancha caliente, planche el mantel por el revés teniendo cuidado para no aplastar las puntadas.

6 Hacer el dobladillo en los bordes. Pliegue un dobladillo doble de 2 cm en todo el contorno del mantel, formando las esquinas en inglete. Prenda con alfileres y cosa con puntadas largas el dobladillo. Utilizando dos hebras de verde, DMC 3347, haga una línea en punto de cadeneta por el derecho justo dentro del dobladillo.

…Y LAS SERVILLETAS

La confección de las servilletas es muy similar a la del mantel; también puede comprarlas ya confeccionadas. Para una servilleta sólo se utiliza esta pequeña parte del diseño de hiedra, en este caso un ramo de cuatro hojas al final de un tallo, puede escoger la parte del dibujo que prefiera para crear distintos diseños.

1 Cortar las servilletas.
Utilizando una regla y una escuadra para que los ángulos sean realmente rectos, marque con jaboncillo un cuadrado de 48 cm en la tela. Corte y doble cada uno de los cuadrados.

2 Marcar el diseño. Siguiendo los pasos 1 y 2, *Confeccionar el Mantel,* transfiera las cuatro últimas hojas del diseño de hiedra en una esquina de cada servilleta, para que queden a 5 cm de los bordes (o a 3 cm si ya están hechos los dobladillos).

3 Bordar el diseño. Coloque la esquina marcada de una servilleta en el bastidor. Utilizando dos hebras de algodón y siguiendo atentamente la clave de colores, borde las hojas en punto de cadeneta y los tallos y las nervaduras de las hojas en punto de tallo. Retire la servilleta del bastidor.

4 Terminar las servilletas. Pliegue un dobladillo doble de 1 cm en todo el contorno de la servilleta, ingleteando las esquinas. Prenda con alfileres y cosa con puntadas largas el dobladillo. Siguiendo el paso 6, *Confeccionar el Mantel,* haga una línea en punto de cadeneta en torno al dobladillo. Borde el dobladillo de cada servilleta de la misma forma.

CLAVE

Algodón trenzado para bordar DMC dos ovillos de cada:

368 verde claro

471 verde oliva claro

3347 verde medio

un ovillo de:
937 verde oscuro

CONFECCIONAR LOS SERVILLETEROS

Confeccione estos preciosos servilleteros a juego con dos tiras de tela endurecida con bocací y cosida en un redondel. Para decorar los bordes, cosa una banda de color a juego con ribete al bies en el contorno del servilletero.

Bordar el redondel. Utilice un lápiz que se borra al entrar en contacto con el aire para marcar una línea de 1,5 cm a partir de los bordes largos de la pieza de tela principal. En el derecho de la tela cosa una línea de punto de cadeneta siguiendo las líneas marcadas, utilizando dos hebras de algodón trenzado de bordar DMC verde 471.

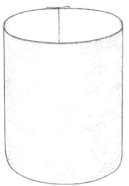

Ribetear los bordes. Introduzca el redondel confeccionado con tela de forro en el de tela principal, juntando los reveses y haciendo coincidir los bordes. Corte dos trozos de ribete al bies de 18 cm de largo. Prenda con alfileres uno de los trozos del ribete en los contornos del redondel, superponiéndolos y remetiéndolos debajo de los bordes. Cosa el ribete con puntadas largas en torno a los redondeles. Siga las mismas instrucciones para los restantes servilleteros.

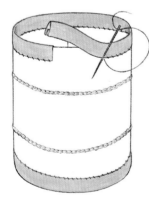

▶ Un servilletero bordado, adornado con un ribete de color a juego, combina con el resto de la mantelería.

Cortar la tela. Dibuje en la tela un rectángulo de 16 x 10 cm utilizando para ello la regla y la escuadra. Corte con cuidado este rectángulo. Dóblelo por la mitad a lo largo y corte después por la línea del doblez. Utilice una mitad para la pieza principal y la otra para el forro.

Unir los redondeles. Corte una pieza de bocací del mismo tamaño que el del forro. Pegue con la plancha el bocací por el revés del forro siguiendo las instrucciones del fabricante. Con los derechos juntos, pliegue el forro por la mitad a lo ancho. Haciendo coincidir perfectamente los bordes, prenda con alfileres y cosa una costura de 6 mm. en el borde corto. Abra la costura para formar un redondel. Doble y cosa la tela principal siguiendo el mismo procedimiento.

NECESITARÁ

* TELA LISA, una pieza de 16 x 10 cm para cada servilletero
* UN LÁPIZ
* UNA REGLA Y UNA ESCUADRA
* BOCACÍ ADHESIVO QUE SE APLICA CON LA PLANCHA
* LÁPIZ QUE SE BORRA AL ENTRAR EN CONTACTO CON EL AIRE
* HILO A JUEGO
* ALGODÓN TRENZADO PARA BORDAR —DMC 471 o similar
* AGUJA DE ESTAMBRE tamaño 7
* BASTIDOR
* RIBETE AL BIES de 13 mm de ancho

Puntos de bordado

Los puntos de bordado son los cimientos de cualquier tipo de diseños bordados.

En esta introducción a los puntos de bordado se explica la forma de realizar una extensa gama de puntos. Dominando estos puntos básicos, pronto podrá confeccionar complejos diseños.

Antes de embarcarse en un diseño, pruebe en una tela aquellas puntadas con las que esté menos familiarizado. En la página siguiente presentamos ejemplos de confección de los puntos indicados a continuación.

FIJAR LOS HILOS

Asegúrese de que el hilo queda fijo con un pequeño punto atrás al principio y al final de la costura. Para hacer el punto atrás, lleve la aguja enhebrada del revés al derecho de la tela, dejando el hilo un poco flojo en el revés. Mantenga el extremo flojo y dé una pequeña puntada hacia atrás, pasando la aguja al derecho de la tela detrás del hilo que sobresale. Lleve nuevamente la aguja al revés de la tela cosiendo hacia atrás en el mismo agujero y continúe con el punto de bordado que desee. Si es posible, tape el punto atrás con el primer punto de bordado. Cuando tenga que cambiar el hilo, el color, o haya terminado el diseño, fíjelo con un punto atrás. Remate en el revés de la tela.

Punto de cadeneta básico

El punto de cadeneta (**A**), uno de los más populares, se utiliza para perfilar contornos o rellenar diseños. Como relleno, cosa varias filas en la misma dirección, o forme una espiral desde fuera hacia dentro.

1 **Enlazar el hilo.** Lleve la aguja al derecho de la tela y a continuación introdúzcala otra vez junto el mismo agujero. Con el hilo enlazado bajo la punta de la aguja, llévela un poco más lejos de la línea de costura. Tire del hilo para que el bucle quede totalmente plano.

2 **Formar una cadena.** Repita el procedimiento siguiendo toda la línea de costura, introduciendo la aguja por el mismo bucle que se forma con cada puntada. Al terminar, remate con una puntada pequeña en el revés de la tela.

Punto de margarita (punto de cadeneta abierto)

El punto de margarita (**B**) se utiliza como detalle individual, o se hace en un círculo para crear una flor, formando cada puntada un pétalo.

Haga puntos de cadeneta abiertos empezando cada punto en el centro de la flor y fijando los bucles con una puntada pequeña. Saque la aguja por el centro del dibujo para iniciar la puntada siguiente.

Punto atrás básico

El punto atrás (**C**) se utiliza para perfilar los contornos o como referencia para otros puntos decorativos.

1 **Dar la primera puntada.** Cosiendo de derecha a izquierda, lleve la aguja al derecho de la tela y dé una pequeña puntada hacia atrás. Lleve la aguja al derecho de la tela delante de la primera puntada, manteniendo la misma distancia entre las puntadas hacia delante y hacia atrás.

2 **Coser una línea.** Haga una línea de puntos siguiendo la línea del modelo dando otra puntada hacia atrás, introduciendo la aguja por el mismo agujero que el de la puntada anterior.

Punto de tallo

El punto de tallo (**D**) se utiliza para perfilar contornos o como elemento decorativo para confeccionar tallos. También sirve de relleno si se hace en filas juntas.

1 **Formar el punto.** Cosiendo de izquierda a derecha y siguiendo la línea del diseño, lleve la aguja al derecho de la tela. Dé una puntada larga hacia delante y, manteniendo el hilo a un lado de la aguja que sale, dé otra más corta hacia atrás hasta el centro de la puntada anterior.

Punto partido

El punto partido (**E**) se cose con algodón trenzado y se utiliza para contornos, o para filas de relleno. Es similar al punto de tallo a excepción de que, al sacar la aguja, ésta sale por el hilo.

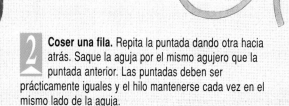

Cosiendo de izquierda a derecha, lleve la aguja al derecho de la tela. Dé una puntada larga hacia delante y otra más corta hacia atrás, de manera que al salir la aguja parte el hilo de la puntada anterior. Repita el procedimiento hasta formar una fila.

2 **Coser una fila.** Repita la puntada dando otra hacia atrás. Saque la aguja por el mismo agujero que la puntada anterior. Las puntadas deben ser prácticamente iguales y el hilo mantenerse cada vez en el mismo lado de la aguja.

Plumetís

Los plumetís (F) se utilizan para formar una superficie lisa a la hora de rellenar los diseños. Cosa en líneas paralelas rodeando el dibujo de manera que la tela quede totalmente tapada.

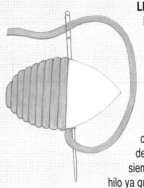

Lleve la aguja al derecho de la tela, sacándola por un borde del dibujo, e introdúzcala por el lado opuesto. Sáquela junto a la primera puntada y siga el mismo procedimiento, haciendo puntos paralelos hasta que el dibujo quede cubierto. No dé las puntadas demasiado largas y mantenga siempre la misma tensión en el hilo ya que, de lo contrario, los puntos se desplazarán.

Plumetís inclinados

Los plumetís inclinados (G) se hacen igual que los plumetís básicos, pero con las puntadas inclinadas en el dibujo.

Empiece a coser en el centro del dibujo para fijar el ángulo de inclinación. Cosa desde el centro del dibujo hacia fuera, vuelva al centro, y cosa la otra mitad hacia el otro lado hasta rellenarlo por completo.

Puntos de relleno / Puntos sueltos

Estos puntos son independientes y se utilizan para rellenar un dibujo, crear un efecto abultado, o formar figuras decorativas individuales.

Punto de siembra

El punto de siembra (H) es el punto de relleno más sencillo. Puede hacerse sólo o en grupos, y suele utilizarse para matizar.

Lleve la aguja al derecho de la tela y dé una puntada diminuta. Repita el procedimiento dando puntadas individuales por toda la tela, cambiando su dirección para conferirle textura. Para conseguir una mayor cobertura, añada una segunda puntada paralela a la primera y continúe con el resto.

Nudos franceses

Los nudos franceses (I) son pequeños puntos abultados que añaden interés al conjunto.

1 **Formar el nudo.** Lleve la aguja al derecho de la tela. Manteniendo el hilo tenso, enróllelo dos veces alrededor de la aguja en el sentido contrario a las agujas del reloj.

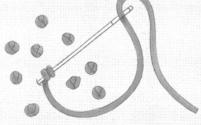

2 **Fijar el nudo.** Manteniendo tenso el hilo, introduzca la aguja en la tela, junto al lugar por donde salió. Tire de la aguja y fije el nudo con un punto atrás.

Nudos en canutillo

Los nudos en canutillo (J) pueden utilizarse de relleno o para hacer contornos. Cosidos en espiral, forman los pétalos de una rosa.

1 **Enrollar el hilo.** Lleve la aguja al derecho de la tela y dé un pequeño punto atrás. Antes de sacar la aguja de la tela, enrolle el hilo a su alrededor unas cinco o seis veces. Saque la aguja de la tela y del canutillo, manteniendo éste al ras de la tela como se muestra en el dibujo.

2 **Fijar el nudo.** Tire del hilo manteniéndolo tirante y utilice la punta de la aguja para arreglar los hilos del canutillo. Introduzca la aguja en la tela en el extremo del canutillo y haga un punto atrás para fijarlo.

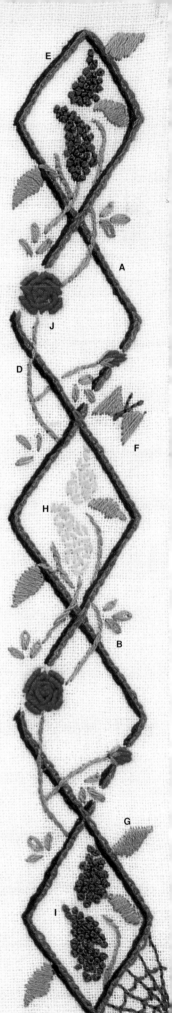

LABORES POR PIEZAS

Reúna distintas prendas de ropa de casa, como servilletas, trapos de cocina y pañuelos,

y confeccione una labor innovadora con un diseño ingenioso, ideal para

colchas y manteles. La combinación de todos ellos resultará sorprendente y muy original.

La próxima vez que se embarque en la confección de una labor por piezas, no se limite exclusivamente a los clásicos estampados de algodón, mejor merodee por la casa y los armarios en busca de inspiración. Gran parte de la ropa de casa —como trapos de cocina, servilletas y tapetes, o bufandas y pañuelos— pueden montarse por piezas para formar colchas, manteles y cobertores originales. Y puesto que trabaja con grandes trozos de tela, hará el trabajo en un santiamén.

Este tipo de labor puede adquirir infinitas formas: en rejilla, en diagonal, o algo más atrevido. Extienda todas y cada una de las piezas por el suelo para disponer su colocación antes de empezar a coser. Para que su aspecto final sea perfecto, coloque en el borde de las piezas una greca de contraste y alinéelas. Unos puntos y unos adornos decorativos conseguirán realzar el efecto.

Como en cualquier labor por piezas, si va a mezclar telas, procure que sean similares en cuanto a peso y calidad.

Unos pañuelos con estampado de cachemira en color amarillo fuerte componen un alegre mantel para celebrar desayunos soleados y comidas al aire libre durante los meses de verano, y pondrán un toque de calidez en las cenas de las frías noches de invierno.

ÍNDICE

7/03	③	1/03
9/06	6	4/06
12/08	7	4/07
2/10	8	9/09
12/12	⑨	12/11
4/15	⑩	5/14
4/19	⑩	5/14